鲁花集团道德文化传承学习教材

鲁花生生之道

孙孟全 著

·北京·

中央党校出版集团

国家行政学院出版社

图书在版编目（CIP）数据

鲁花生生之道 / 孙孟全著 . —北京：国家行政学院出版社，2023. 1

ISBN 978-7-5150-2730-2

Ⅰ. ①鲁…　Ⅱ. ①孙…　Ⅲ. ①粮油工业–工业企业–企业文化–山东　Ⅳ. ①F426. 82

中国版本图书馆 CIP 数据核字（2022）第 231434 号

书　　名　鲁花生生之道
　　　　　　LUHUA SHENGSHENG ZHI DAO
作　　者　孙孟全
统筹策划　曲　炜
责任编辑　陈　科
出版发行　国家行政学院出版社
　　　　　　（北京市海淀区长春桥 6 号　100089）
综 合 办　（010）68928903
发 行 部　（010）68928866
经　　销　新华书店
印　　刷　北京盛通印刷股份有限公司
版　　次　2023 年 1 月北京第 1 版
印　　次　2023 年 1 月北京第 1 次印刷
开　　本　155 毫米×230 毫米　16 开
印　　张　16
字　　数　136 千字
定　　价　69. 00 元

鲁花集团创始人　**孙孟全**

鲁花誓词

我是一名鲁花人

我深深地爱着鲁花

深深地爱着我的祖国

拥护中国共产党

信奉鲁花理念

传承鲁花精神

铭记鲁花目标

遵守鲁花制度

忠诚敬业

有礼守信

精诚团结

奋发创新

为了鲁花繁荣昌盛

贡献我全部智慧和力量

鲁花的企业宗旨

产业报国　惠利民生

鲁花的企业精神

艰苦奋斗　永创一流

鲁花人的行动纲领

爱心是鲁花的向心凝聚力

创新是鲁花的发展提升力

鲁花的核心价值观

明道多德　利人为公

先爱他人　以德取得

鲁花战略经营之道

追求一个大目标——提高人类生命质量

贯彻一个大纲领——传承爱心创新文化

服务一个大上帝——保证消费者都满意

发展一个大同盟——带动农民增收致富

抓住一个大根本——创立企业美好信誉

夯实一个大基础——严格产品质量管理

鲁花人的行为准则

贪腐行为零容忍

帮派行为零容忍

质量投诉零容忍

安全事故零容忍

序一

球体核心论·明道多德

任法融

道德是一切文化的根基和灵魂，文从质上来，理由情中生。“道德”这一种文化思想的“情、质”何在？从文化理论上说，道德这种文化思想是放之四海而皆准，是永远颠扑不破的真理。孙中山曾说：“有道德始有国家，有道德始成世界。”①毛泽东也指出，老子讲的这个道，是宇宙之间的普遍真理。道德不仅仅是文化理论，它的情理是宇宙之间运化万物的唯一力量。它的功能高而至高，强而至强，任何有形事物无法比拟。天子皇权，不能驾驭；英雄豪杰，无法抵抗；智谋高士，无法算计；金玉堆山，无价买卖；神鬼灵验，无法展现。它至高无上，亘古不息。

今孙孟全先生所著《鲁花生生之道》一书很有意义，道由德中体现，为人处世，尤在事业中更需遵依“道德”，如此不但有成就，而且还可生生不息。有关明道多德企业的成就，唯一宗旨就在这里。宇宙之

①《孙中山全集》第3卷，中华书局1984年版，第25页。

间，无论什么事物都必须“尊道贵德”方有无限的生命力。“道德”这一文化理念从广义上讲，是“利益众生”，从狭义上说，于人类社会发展进步有益的举措都属于道德文化范畴。现在倡导的社会主义核心价值观正是道德文化理念的具体表现形式，所以人们都表示赞赏。在习近平总书记系列重要讲话中常常提及的中国传统文化中，道德这一理念正是中国传统文化的根基，故倡导道德这一传统的文化理念是改善社会风气的良方。如人人充分践行道德这一文化理念，则社会风气大变，四海宁静、天下太平、社会稳定、人类安康；国家之间刀枪入库，马放南山、战火顿息、以邻为伴、互利共赢、并肩进步；人与人之间无有尔虞我诈、勾心斗角、明瞒暗骗、计取巧夺、明争暗斗等丑恶现象；必会呈现出惠风和畅、互敬互爱、相帮相助、路不拾遗、夜不闭户的祥和盛世。孙氏孟全先生天性聪慧，心地善良而纯真，书中的铭言中讲的“爱己先爱人”，正确对待自己需先正确对待别人，这种观念难能可贵。同时，他还提到“利己先利他人”，这种公而无私的品德更令人赞赏。他讲的“人生定位之道”的理念更符合科学发展观。其书面世之后，更符合国家对社会主义文艺繁荣的倡导。展卷无不受益，翻阅均可赞赏，幸甚，幸甚，可喜可贺！因书中条理分明，内容翔实，不必繁赘，今草为序，以俟来哲。

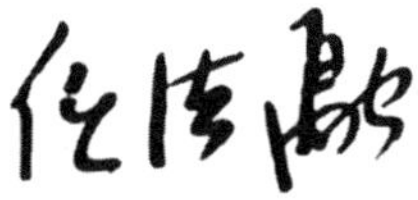

全国政协常委
世界宗教和平会主席
中国道教协会原会长

丁酉年孟春

序二

明道多德为企业经营的不易至理

曾仕强

我们一行四十余人——来自全国各地的实业界朋友，满怀希望，来到了山东鲁花集团的总部。由于久闻鲁花的企业文化，简直就是中华道统的缩影，早就盼望眼见为实地来亲身体悟一番。所以此次拜访中，人人抱着喜悦的心情，个个有同道的感觉，氛围显得十分亲切而和谐。

鲁花集团的实际情况果真名不虚传。大家从早晨七时半开始，就惊奇不止：怎么能做到这种地步？文化的力量真的如此强大？孙孟全老总的决心和毅力如何能够贯彻？我们回去以后做得到吗？

孙老总十分客气，送我们每人一本《鲁花生生之道》，把鲁花集团的成功之道和行动纲领，毫不保留地公开出来，一字一句充满了感人的热情，字里行间流露出爱国爱乡爱同胞的赤子之心。大家如获至宝，无不慎重地放入行李袋中，决心带回去好好研究，尽力推行。此次所见行道有神的实际功效已经深切铭刻在大家心中，多说无益，回去实践便是。

明道多德的人生定位之道，明确指出正确的价值观是人生走向成功的指南针。孙老总把它称为“球体核心论·人生定位之道”。这些原来可以视为秘笈、作为传家之宝的道理，无私地贡献给社会大众。孙老总说到做到，知行合一，而且即知即行，令人敬佩。

鲁花把《易经》的“变易”与“不易”，兼顾并重地同时掌握，发展成为“有所变有所不变”的“简易”规律，把一般人难以理解的以不变应万变，应用在实际经营管理上，难怪鲁花人能够行道有神，生生不息而且持续精进。

要做到鲁花现在这样的境界，必须具备目标正大光明、规模持续增长、业绩不断提升这三大条件，否则很难贯彻，也不容易留住人才。

天时、地利、人和三者不能缺一，还要再加上坚持产业报国、先爱他人、利人为公这三个原则，自然能够以德取得。鲁花把“道”和“术”结合在一起，以“道”指引“术”，值得大家学习。善用中华道统和西方管理科学，走出了中国式管理的现代化。让我们彼此共勉，用心发扬！

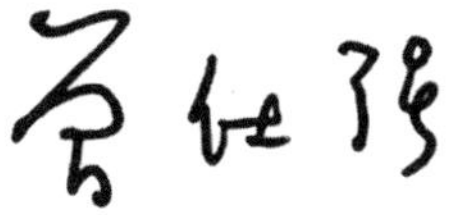

台湾师范大学教授
中国式管理之父

2015年8月30日

序三

建立企业文化　彰显企业精神
完善企业文化　保障企业品格

楼宇烈

“修身、齐家、治国、平天下”是中国传统文化中一个重要的管理家国天下的理念。这一理念阐明了“古之欲明明德于天下者，先治其国；欲治其国者，先齐其家；欲齐其家者，先修其身”。同时还得出了这样的结论：“自天子以至于庶人，壹是皆以修身为本。其本乱而末治者否矣。”把“修身”置于治理家国天下的根本位置，无此勿谈其他。而“修身”就是要落实到每个人的道德品格修养。

中华优秀文化是天地人合一的文化，将人与人、人与自然万物“同然”之心启发融于生活、工作等方面。这个“心”是道德心，是向上之心、诚信之心、爱人之心、廉洁之心、公而忘私之心，“心”的问题解决了，思想就统一了。要做好人的工作，基础是修德修行，以业明德，从而实现治理与管理的最高境界。

鲁花的成功发展被视为一种现象。孙孟全道出其中的奥秘：毛主席的“为人民服务”是鲁花生生不息的法宝。为了对消费者负责，孙孟全亲自挂帅攻克了花生食用油中彻底去除黄曲霉素这一世界性难题，实现了“绝不让消费者食用一滴不利于健康的油！”的誓言。通过朋友所送用以品尝的一把高油酸花生，孙孟全意识到该品种的价值，马上育种培植，现种植面积已逾50万亩，做出了更有益于健康的高油酸花生油，实现了鲁花“高油酸花生良种战略，做高端食用油的引领者”的目标。一次随团到日本考察，很多人说日本酱油味道好要往回带，触动了孙孟全“要为‘上帝’（百姓）酿一瓶好酱油！”他卧薪尝胆十年，成功酿造出专业人士盲评后一致认为口味超过日本的酱油。一瓶酱油的创新撞开了调味品行业的大门，调味品现已成为鲁花的第二大产业平台。孙孟全的做法集中表现了他的思维方式、认知方式——尊道贵德、报国爱民、道义在肩。这彰显出企业家崇高的精神和良知。

孙孟全的《鲁花生生之道》深谙儒道相济的思维哲学,形成了自己的思想体系。儒家的礼信义德、道家的顺应天时，坚时如磐石，柔时似湍流，深入浅出、通俗易懂，直入做人、做事和治理企业之本。本书定位清晰，其见识之高之广，见解之深之新，集合了一种正义的精神力量，赋予了企业管理和发展的示范意义。一手创新、一手爱心，两手抓及球体核心论，凝聚着敦厚人文的中国智慧。

人生最伟大的成就首先是培养自己的品德，其次是建功立业，最后是将自己的学思践悟记载弘道，践行“行者雨霖济苍生，藏者著书教万世”的期许。正所谓“立德，立功，立言”。

希望此书能使更多的人和企业受益，诞生一个贤达的企业家群体。

是为序。

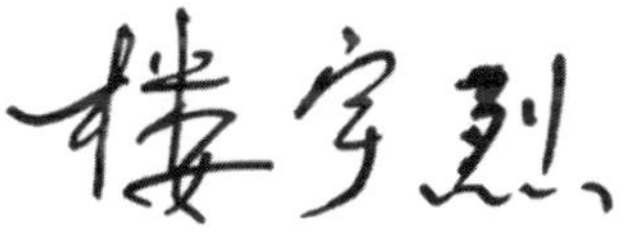
北京大学学术委员会委员、教授、博导
国务院学位委员会学科评议组成员

庚子年秋

董事长寄语

孙东伟

《鲁花生生之道》是鲁花集团创始人孙孟全老总人生智慧的结晶。在多年的创业实践中，孙孟全老总以爱心、创新为行动纲领，遵循天道、地道、人道等自然规律和人类社会发展规律，引领鲁花取得持续不断的发展。

“球体核心论·人生定位之道”是鲁花文化的源头，是鲁花人道德的升华，是鲁花人的成功之道。它揭示了人类社会和国家、民族、团体、家庭等发展变化的规律。老总在书中生动阐述了定位论、对立统一的辩证法和球体核心论的人生定位之道，并告诉我们：要树立正确的价值观和崇高的目标定位；要正确地对待自己，正确地对待他人，学会一分为二、二合为一、亦一亦二、一以贯之看问题的方法；要融入团队，形成球体，做成核心，整合社会资源。书中通过把中华优秀传统文化精髓，如《易经》、《道德经》、《矛盾论》、中庸之道等道的智慧与正倒三角理论进行有机结合，更加丰富和完善了这一智慧体系。孙孟全老总所言之道，是人生通往幸福与成功之道，当我们知“道”、明“道”、得“道”之后，勤而行之，就一定能产生神奇的力量从而达到理想的境界。稻盛和夫以“利他”为指导，带领京瓷公司保持五十年盈利。孙孟全老总以“先爱”“创新”为根基，带领鲁花三十多年来一直保持健康发展，取得了世人瞩目的成绩。

《鲁花生生之道》是一本道德之书，是一本充满人生智慧之书。书中正确的价值观、崇高的目标定位和对立统一的辩证法，可以使我们从中获得无穷的智慧和力量，帮助我们在人生道路上少走弯路，从而获得人生的成功。老总在书中提到的“产业报国，惠利民生”“明道多德，行道有神”“先爱他人，以德取得”“爱心是鲁花的向心凝聚力，创新是鲁花的发展提升力”“爱己先爱人，做事先做人”等一系列理念，已经成为鲁花发展中的重要指导思想。每一名鲁花人都要不断地深入学习并加以传承发扬，以确保企业的发展与个人的进步。

明道多德，行道有神——鲁花人的座右铭！

孙东伟 鲁花集团董事长

2015年5月

目录

引　言

仁爱、道德是中华优秀传统文化的精髓，中国人从古至今都信仰道德，中华文明五千多年来延绵不绝，一脉相承的就是仁爱、道德，圣贤君子都把仁爱、道德作为立身之本。古语云："道之在我之谓德。"德是实现道的基础，人若要开悟得道，皆须从德做起，德积累至量大则质变，厚德载物，就会进入道的层面。道是自然规律，一阴一阳之谓道，阴阳互动生万物，万物生生变化无穷。

《易经》说："日新之谓盛德。""生生之谓易。"天阳地阴，天地相合，阴阳相交，化生万物。阴极变阳，阳极变阴，易穷则变，物极必反。知常明变，无过不及，动静有常，刚柔兼济。无中生有，有生万物，自然规律亘古不易。顺应自然，常德不离，只有尊道贵德的人和企业，才能生机无穷。

多年来我们以德立企，以德取得，将之作为企业的根基和出发点，把道的阴阳辩证思维作为我们认识世界、洞察事物、发现规律的方法论。阴阳之道的本质就是运用阴阳思维，把性质对立的两方合成统一体，将自己与他人、付出与回报、成功与失败等看作是辩证的相对统一关系，就像阴阳鱼交互合成的太极图，阴中有阳，阳中有阴，你中有我，我中有你，在运动变化中合二为一,一以贯之。

《鲁花生生之道》是鲁花三十多年来运用道德文化创业实践的经验总结，是鲁花集团道德文化传承学习教材。今天，鲁花已经发展成为拥有数万名员工的大型企业，本书作为企业文化教材，不仅是鲁花三十多年文化探索的总结，更是支撑鲁花进一步发展的文化基石，是鲁花人遵循的价值观和方法论。

《大学》曰:“德者本也，财者末也。”《论语》曰:“君子务本，本立而道生。”鲁花以道德为本，以爱心、创新立企。《鲁花生生之道》的核心是:“爱心是鲁花的向心凝聚力，创新是鲁花的发展提升力。”爱心是指做人，创新是指做事。爱心和创新阴阳相生相成，就是告诉大家，只要依照自然规律和人类社会的发展规律做人、做事、做企业，就可以无往而不胜。究竟怎样认识道德、规律，理解爱心、创新？我有五点感悟，用以导引关注全书之要。

一、道德是生生不息之道

源远流长的中华文化，形成了优良的道德传统，是古圣先贤留给子孙后代的一笔巨大精神财富，是中华民族智慧的结晶。我通过几十年做企业的成功经验，感悟到中华优秀传统文化涵括了中国的经济发展之学、人生成功之学。老子曰："天下万物生于有，有生于无。"①这个"无"不是空无，而是包含着信息和能量的，是不可见的道德、规律。这个"有"就是一切可见的活动和事业。换言之，道德文化是无形资产，人的道德修养与经济活动有着必然的联系，运用无形资产创造出有形价值，才是最可靠、最牢固的。这一点也可以这样理解：人的思想决定人的行为，而人的行为决定结果。企业做到了虚以控实、无以控有，规模就会越做越大，人才就会越聚越多，企业就

①《道德经》第40章。意思是：天下万物产生于有形，有形又产生于无形。

会产生可观的经济效益。鲁花提出的“生生之道”是对中华优秀传统文化的传承和发扬，是道德文化指导企业发展的实践总结，是企业和个人的成功之道。“生生”就是先爱他人，通过先爱他人达到爱自己的目的；也是指付出与回报，做任何事情都要先付出，其中道德的付出能持续不断地生发出新的价值，能快速提升从无形到有形的转化。

二、道德是无形资本之道

无论是企业还是个人，所拥有的资本分有形资本和无形资本两种。有形资本是指个人或组织所拥有的实物资本、金融资本、人力资本。无形资本是指个人或组织的道德品质、他人的口碑评价，其产生的价值远远大于有形资本。

人是生产过程中的主体，拥有道德资本的人会以德取得。《大学》曰：“德者本也，财者末也。”[①]这是指道德是根本，财富是现象，世间一切获得都是道德的结果，也可以说是因果。财富是由道德生来的，

①《大学》。意思是：道德修养是为人的根本，钱财是最不重要的，是身外之物。

即富从德来，财自道生。每个人都具有道德资本。道德资本的多少，决定一个人的发展前程。所以为什么能力相当的人，同在一个单位工作多年，有的人升迁快，职级待遇越来越高，而有的人升迁慢，甚至多年原地不动，背后的根本原因就是与道德资本积累得多少有关。德行配位者容易抓住机遇，德不配位者往往错失良机。要想事业发达，必须坚守道德，用道德来指引我们的人生和事业，用道德来升华我们的思想和智慧，用道德凝聚我们的团队和客户。一个人道德品质有多高，整合社会资源的能力就会有多大，财富资本就会有多厚。

三、道德是做人根本之道

人的思想决定人的行为，人的行为决定人生的成败。《易经》讲："积善之家必有余庆，积不善之家必有余殃。"① 积善就是我们常说的行善积德；道德就是对人对事有爱心、恭敬心、感恩心、天下为公心，是做人的根本。道生一，一生二，二生三，三生万物而

① 《易经 · 上经》。意思是：修善积德的个人和家庭，必然有更多的吉庆，作恶坏德的，必然有更多的祸殃。

生生不息。[1]德是道的实现和运用。德近乎于道，有道必有德，有德方显道，道德存在于人的思想意识和人的行为之中，人的思想意识和行为是否符合道德，结局是不一样的。人类社会发展的历史表明：道德高尚、利人为公的人，能够得道多助，取得事业成功，人生幸福；反之，道德品质恶劣、缺乏良知、损人利己的人，就会失道寡助，滋生祸端，自毁前程。每个人的人生价值都受制于文化传统，违背文化传统，违反道德规律，个人的价值就无法实现，生命就形同乌有。

四、爱心是凝聚团队之道

鲁花的爱心是以人为基点的，爱人是做人的根本原则、为人的应有之义，是处理好人际关系最有效、最完美的方法。鲁花从当初的小小物资站发展到今天，一直遵循爱的准则。鲁花的企业理念大都是围

---

①《道德经》第42章。原文："道生一，一生二，二生三，三生万物。"意思是：大道化生出宇宙万物的本源，就是太极；太极中没有明确界限的阴阳二气开始分开，也就是太极生两仪；有了阴阳以后，通过阴阳双方的运动转化，万事万物就因此产生，这也就是"三生万物"。

绕爱心来制定的。长期以来，我们倡导爱国家、爱社会、爱农民、爱消费者、爱企业、爱员工、爱合作伙伴就是爱自己。爱己是原点和归宿。先爱他人亦是爱自己的理念，是鲁花爱心文化的精髓。

很多人也爱别人，但总是停留在口头上，没有付之于行动；或是期盼对方先向自己示爱，而不肯向对方先付出爱。鲁花倡导的爱是先爱，提出“爱己先爱人，做事先做人”，先爱就是主动和先付出，这种先爱会感动对方，进而产生相互之爱。个人的力量是有限的，团队的力量是无限的，必须依靠大家的力量、团队的力量、社会的力量，形成球体，做成核心，用道德整合更多的社会资源。我们要与人为善，与人为友，与人为伴，用爱心凝聚人心，用爱心打造一支优秀的人才团队，做到万众一心，众志成城。

五、创新是发展提升之道

创新是鲁花的发展提升力，贯穿了鲁花发展的整个过程，是鲁花的发展提升之道。通过创新，鲁花为消费者带来了高品质的食用油、调味品和米面产品；通过创新，鲁花荣获了国务院颁发的“国家科学技术进步奖”；通过创新，鲁花全黑豆酱油和自然鲜酱香酱油双双在世界品质评鉴大会上荣膺国际金奖；通过创新，鲁花成为了高端食用油行业引领者。大量的实践证明，在激烈的市场竞争中，唯创新者进，唯创新者强，唯创新者胜。习近平总书记指出：“创新是引领发展的第一动力。”[①]我们要坚持走创新之路，把鲁花打造成一个创新型企业。创新不是为自己创新，而是为人民大众创新。通过创新满足消费者需求，推动企业快速发展，把鲁花做成一个百年企业。

《鲁花生生之道》包含着对“道”的感悟和理解。道，既是规律、方法，也是路径。包括如何运用辩证思维，一分为二、二合为一、亦一亦二、一以贯之地看问题；如何做到动静结合、刚柔相济、阴阳平衡、无中生有。人一生当中，无论从事什么职业，首先得有正确的价值观和崇高的奋斗目标定位。能够正确运用辩证法，懂得主次先后与本末终始；懂得形而上者谓之道与形而下者谓之器；懂得无形与有形；懂得不变与变；懂得一阴一阳之谓道[②]；懂得有无相生、

① 中共中央文献研究室编：《习近平关于科技创新论述摘编》，中央文献出版社2019年版，第11页。

②《易经·系辞上》。意思是：一阴一阳的运行变化称之为道。

阴阳相成；知道世界的万事万物都是由相对的两面组成的规律等。这些对道的认识可以用在做人做事上，用在持家治企上。本书并不仅仅是一本道德之书，也是一本社会治理和管理之书。

任何事物都有其运动变化的规律，万变不离其宗，要做到生生不息，就要合乎于“道”，“惟道是从”①。毛主席当年指挥红军四渡赤水，就是在遭遇重兵围追堵截的艰险情况下，机动灵活，纵横驰骋，正确处理打与走的关系，最后取得了战略转移的胜利，这是用兵之道。只要依“道”而行，在任何恶劣的环境下都能生存发展。“道”因时制宜，不拘一格。如果固执于一定条件才能生存发展，那就不是“道”了。我们为什么崇尚“道”？因为“道”具有神奇的力量。在实践过程中，失误在所难免，“道”在任何条件下都具有自我修复和相互平衡能力，能够逢凶化吉而生生不息，产生的效应是不可估量的。

子曰：“志于道，据于德，依于仁，游于艺。”②这是指一个人或一个企业能够立志于道，据守德，依

①《道德经》第21章。原文：“孔德之容，惟道是从。”意思是：大德的样态，完全遵从于道。

②《论语·述而》。

靠“仁、义、礼、智、信”及精湛的技艺，其一切行为、结果都会是道德的体现。当今，我们处在一个多极化的发展格局中，各个企业都在充分发展自己的力量，都在提升自己的综合竞争实力，而道德文化的竞争必将成为未来最根本的竞争。鲁花所倡导的道德资本理念与优秀传统文化一脉相承，渗透着中华民族传统文化的力量。这种力量融入了我们的血液，形成了鲁花特有的道德文化，是企业凝聚、创新的源泉。

学道德、悟道德、明道德、行道德，有助于了解和把握事物发展规律。只要加大对道德资本的积累和投入，持之以恒地坚持下去，就能立于不败之地。

鲁花生生之道是生存发展之道。

正确的价值观是人生成功的指南针*

价值观是认定事物、辨别是非的一种取向，它始终在支配着人的思想、行为、信仰和生活态度。只有把正确的价值观植入灵魂深处，你所从事的事业才会兴旺，你的人生成长之路才会顺利。我们经常讲双赢，怎样才能实现双赢？确立正确的价值观是关键。所以鲁花提出了“先爱”“创新”的价值理念，并将之贯穿在我们的各项工作中。鲁花能从一个小小的物资站发展到今天的全国知名企业，无时不在这种正确的价值观的引导下阔步前进。我作为企业的创始人和领导人，一路走来体会颇为深刻。

近段时间，我反复学习了《易经》和《了凡四

---

* 本文是根据作者2013年10月3日在鲁花集团第48期企业文化培训班开班典礼上的讲话修改而成。

训》的讲座，对中华优秀传统文化中的天道——利人为公、行善积德、先爱他人、德近乎于道和为人民服务的理解有了更进一步的认识和感悟。鲁花多年的实践告诉我们：只要大家能够按照为人民服务的宗旨和利人为公、行善积德、先爱他人的天道去做，就一定能实现事业成功、人生幸福。因为天道是宇宙人生万事万物的发展规律和运动方向。德是人性，是人类社会依天道而行的行为准则和行动规范。顺之者昌，逆之者亡。所以，我们必须按照天道所指引的方向、德所倡导的规范为人处事，用正确的价值观做好人生定位，则无往而不胜。

习近平总书记在谈到抓好青年价值观养成的重要性时指出："抓好这一时期的价值观养成十分重要。这就像穿衣服扣扣子一样，如果第一粒扣子扣错了，剩余的扣子都会扣错。人生的扣子从一开始就要扣好。"①所以人生要获得成功，从青年起就一定要树立正确的价值观和崇高的奋斗目标。有了崇高的目标定位后，还必须选对方向。比如我们要到北京去，南方的人必须往北走，否则就很难到达。但是，我们是不

① 习近平：《青年要自觉实践社会主义核心价值观——在北京大学师生座谈会上的讲话》，人民出版社2014年版，第9页。

是真往北走了，而不是往西、往东走了？用什么标准来评判走的方向是对的，怎样来保证方向的正确，实现到达北京的目的？最简单的方法就是要有个指南针，这个指南针会指引着我们不迷失方向。同样，人生也需要一个指南针。这个指南针是什么呢？就是利人为公的价值观。我们干任何事情，只要把利人为公、行善积德、先爱他人和为人民服务的价值观作为行动的指南针，作为干每一件事情的出发点，作为衡量对与错的标准，我们就会始终保持清醒的头脑，人生就不会迷失方向，在行为上就不会犯错误，人生的目标就容易实现。

“反者道之动，弱者道之用”①是老子对宇宙人生规律的总结，是为人处事的真谛，它揭示出事物运动变化的规律。“反者道之动”就是告诉大家，任何事物本身就是对立统一的，其内在规律都是向相反方向运动、发展的，这种趋势不以人的意志为转移。这个“反”也可以当返回来理解，就像向山谷喊话，喊出“你好”，返回来的是“你好”；喊出“你坏”，返回来的是“你坏”。当我们把消费者当上帝的时候，消

①《道德经》第40章。意思是：向相反的方向变化，是道的运动变化规律；保持柔弱、虚静的状态，是道的外在表现。

费者也一定会把我们当上帝，这是人性的规律。所以想要获得，必须付出；想要利己，必须利人；想要为私，必须为公。人类社会的基本常识是：想要获得就要付出。比如，你想要获得爱情，就要先付出爱；想要获得荣耀，就要先承受卑微；想要获得成功，就要先承受艰辛。大家要追求财富和幸福，如果只想到利己、没想到利人，只想到为私、没想到为公，只想到利、没想到义，只想到成功、没想到艰辛，那目的就达不到。只有坚持利缘义取、财自道生，利人为公、以德取得，先帮助别人实现了目标，自己的目标才会实现。

当我们明白利人为公的价值观是人生成功的指南针这个道理以后，再看中华优秀传统文化和我们古圣先贤讲的一些哲理，就会发现他们所讲的几乎都是利人为公、行善积德和为人民服务的精神。我们常讲要改造世界观、人生观和价值观，为什么要改造？因为价值观无非就是两种：一种是利人为公，一种是损人利己。根据自然天道，利人为公的价值观才是正确的，损人利己的价值观是错误的。改造世界观就是矫正那些不符合自然规律的东西。老子曰："天之道，利而不害；圣人之道，为而不争。"[1]意思是说：天道

①《道德经》第81章。

运行有利于万物，而无害于万物，圣人的法则是帮助别人，而不是与别人争夺利益。毛主席提出“为人民服务”，强调以为人民服务为出发点去做一切事情，符合了天道，因而得到了广大人民群众的拥护和爱戴，建立了新中国，为中华民族的伟大复兴，做出了不可磨灭的贡献。日本经营之圣稻盛和夫，一生中创立了两家世界五百强企业。他成功的法宝总结起来就是“利他”这两个字。“利他”与我们讲的利人是一致的。利人不应是表面的，而要从内心养成一种利人的习惯，是发自内心、无私地利人，是满怀喜悦、自然而然地利人，是时时处处、真挚真诚地利人，要让自己慢慢地具备这种道德素质。所以成功的规律是有章可循的，有成就的人都是通过把握正确的价值观，取得了成功。明朝袁了凡先生，早年笃信所谓命数，悉听命数安排，因而心灰意冷、不思进取、消极避世。后来，经名师指点，他明白了“行善积德，命由我作”的道理后，断恶修善，谦卑自省，改过积善。经过长期不断的践行，最后得到了福报，改变了命运。他总结了自己的一生，根据自己的亲身经历写成了家训，把行善积德从而改变命运的经验和方法传了下来，告诉子孙后代只要按照这些方法去修炼、去改过、去行善，时时处处想着利人，养成一种行善利人的良好习惯，就会挣脱人生的必然律，改变命运，走向成功。从他们身上可以得出一个结论：富从德来，世间一切获得都是道德的结果。老子在《道德经》中说："道生一，一生二，二生三，三生万物。"就是说：包括财富在内的万物都是由道德生来的。《大学》中有句话："德者本也，财者末也。"意思就是人的德行比钱财更重要。人若不守德，就是自毁财运。一个人道德有多高，财富就会有多厚。德高望重的人很容易事业发达，人财兴旺。在我们的日常工作和生活中，贪污腐败、奢侈浪费、损人利己、恃强凌弱及一切违背天理道德的行为都是败德；勤业节俭、忠诚孝悌、利人为公、为人民服务等一切符合天理道德的行为都是积德。人一生当中，大家都希望事业有成、人生幸福。如果我们时时处处想到利人为公，就会得道多助，利人就是最好的利己；如果凡事损人利己，以自我为中心，就会失道寡助，必然走向失败，因为它违背了天道。

鲁花为什么能够从一个小小的物资站，发展成为今天销售收入达几百亿的企业？为什么能够三十年来每年都有进步和发展？就是因为有自己的爱心、创新文化，有正确的价值观为指导的目标定位。我们的爱心、创新文化和中华优秀道德文化一脉相承，是有根的，鲁花用每瓶高品质的花生油为消费者服务。我们的企业宗旨——产业报国、惠利民生，我们的核心价值观——明道多德、利人为公、先爱他人、以德取得，我们提出的“爱己先爱人，做事先做人”“有自己必须有别人，有别人才能有自己”“绝不让消费者食用一滴不利于健康的油”等一系列理念，归纳起来不都是利人吗？当我们时时处处都利人的时候，公司就慢慢发展壮大了。

我曾经和有的同志研讨：人来到这个世界究竟是为公还是为私？我们的结论是：人在不成熟的时候是为私，成熟以后就开始为公了。就拿当父母的来讲，成熟的标志就是能生儿育女了。当有了孩子以后，就懂得无私了。比如孩子晚上尿了床，父母就会马上把孩子挪到另一边，自己躺在尿湿的地方，这就是逐步成熟的表现。再比如刚生下来的孩子不懂事，只知道拿着东西往自己嘴里放，当有了弟弟妹妹以后，就开始学着奉献了，为弟弟妹妹奉献，这就是人性向善的道理。大家都是成年人了，如果现在还不知道利人为公的道理，不懂得用正确的价值观做好定位，还像小孩一样不懂事，那你的家庭就不会幸福，你这一生肯定是无所作为的。

人一生的成败关键在于思想意识的高度，任何事情都是无形的东西支配着有形的东西，这是规律。通过学习，我们就会把智慧打开。有的人一生中就没有机缘打开智慧。智慧不开就是个愚人。只要打开智慧，认识到决定人生成败的关键是正确的价值观，就有了前进的指南针。这个指南针就是利人为公、为人民服务。勤而行之，它可以帮助你解决人生中遇到的所有困惑。我们只要朝着正确的方向前进，人生不就成功了吗？人的一生就好像打牌一样，不能要求每次都赢，但只要不出错牌，最后肯定是赢家。所以人生方向的对与错确实是一门大学问，一种大智慧。我们学习道德文化就是为了打开智慧之门，让大家树立正确的价值观，沿着正确的方向前进。

人一定要有无私奉献之心，一定要有利人向善之举，一定要做一个有利于他人的人。对待父母孩子、兄弟姐妹，包括对待街坊邻居、领导同事以及所在的企业、国家和社会，都应该做出自己应有的奉献，这样的人生才有价值。我们一定要明白为什么社会上会有许多英雄，为国家利益和人类幸福甚至不惜献出自己宝贵的生命。难道他们不知道活着比死了更好吗？他们当然知道，但他们更懂得生命的崇高意义，懂得生命的价值在于奉献，奉献是人类的最高价值。这种舍生取义、勇于奉献的精神是人生的最高境界。

任何事情的成败，关键在于人的思想，人的思想决定人的行为。大家一定要通过学习中华优秀道德文化，树立正确的价值观，正确把握人生前进的方向，并在以后的工作生活中做好定位，不断提升个人的道德境界，实现人生幸福的目标。

球体核心论·人生定位之道（一）*

作为鲁花人，每个人都要树立正确的价值观和崇高的奋斗目标。一个没有崇高人生目标定位的人，一生必定是空虚的、痛苦的。只有树立崇高的人生目标定位，用正确的价值观指引前进的方向，目标才能实现，人生才能幸福。那么正确的目标定位来自于哪儿？正确的定位来自于正确的价值观，正确的价值观来自于对自然规律的把握、对社会规律的把握、对自我道德能力的认知，这样才能让自己做出一个正确的目标定位。正确的价值观是前提，如果价值观错了，就不可能有崇高的人生目标定位。有了正确的目标定

---

* 本文是根据作者2003年7月2日与中共莱阳市委党校部分领导及公司企业文化办公室同志座谈时的讲话修改而成。在这次讲话中，作者首次提出了“球体核心论·人生定位之道”。

位，分析问题、解决问题就会符合客观规律和社会发展规律。

正确的定位，关系到一个人事业的成败。通过多年的实践，我发现这是一个不容忽视的问题。有些人说起来学历很高，知识也好像很丰富，但在做人做事上，往往不懂定位。要么团队做不好，业绩上不去；要么工作不分主次先后、轻重缓急，最后一事无成。做人也好，做企业也好，成功与失败并不是完全由能力来决定的。是由什么决定的呢？是由目标定位决定的。目标就是方向，正确的、高远的目标能产生强大的影响力与资源驱动力；相反，不正确的目标会将人导入歧途。众所周知，毛主席是一位天才型的领袖人物，在战争中他把握了战争的规律，攻无不克、战无不胜，取得了解放战争的最后胜利。新中国成立后的三十年，经济建设遇到了前所未有的挑战，这其中也受到一些国内国外客观因素的影响。改革开放使中国经济发生天翻地覆的变化，这是因为邓小平正确地把握了中国经济的发展规律，提出了以经济建设为中心的正确目标定位。

鲁花这三十年来的发展历程，应该说是成功的三十年。鲁花从当初一个小小的物资站，发展到今天成为中国花生油第一品牌的知名企业，创建了一支庞大的营销团队，不断提高产品的知名度、美誉度和消费者忠诚度等。这些成果的取得跟我们有正确的目标定位是分不开的。我们确立了鲁花“产业报国，惠利民生”的企业宗旨，始终把“爱心是鲁花的向心凝聚力，创新是鲁花的发展提升力”作为鲁花人的行动纲领。我们形成了一系列具有辩证认识的企业经营理念，包括“创建优秀团队”“管理就是服务”“从群众中来，到群众中去”“无私的奉献与有偿的回报”“爱己先爱人，做事先做人”“有自己必须有别人，有别人才能有自己”“利人为公、以德取得”“绝不让消费者食用一滴不利于健康的油”等。这一连串的企业道德文化理念，绝不是空穴来风，也不是简单提出的一些口号，而是鲁花在实践中艰辛探索，在充分把握市场规律、竞争规律、管理规律、人性本质的基础上，对企业经营理念的总结定位。

我们的总结定位，最终体现于我提出的“球体核心论·人生定位之道”，了解球体原理有助于我们理解万事万物之源。我们生活的大自然是圆的，人始终都在圆中生活。人生要圆满，不圆满的人生就是有缺陷的人生，我们常说把人生画上一个圆满的句号，实际上还是个圆。如果认识了圆球的理，找到了它的定位，把握了它的规律，我相信能够启发很多人。所以一定要把这个球体核心原理，应用到做人、做事、做团队等各项工作中去。

鲁花的很多理念就是自己对事物的认识和定位。鲁花为什么讲团队？为什么把“爱心、创新”作为鲁花人的行动纲领？因为鲁花讲的爱心、创新，都是为了形成企业的核心竞争力，建立起一支高素质的人才团队，把事业做成功。建立这支高素质的人才团队靠什么？要靠拥有雄厚的道德资本，要靠自己对别人的尊重，对农民、消费者、员工、代理商、合作伙伴、社会群体的尊重。庄子说：“居下流者纳百川，纳百川者成沧海。”我们只有把自己定位在倒三角的低点，才能产生巨大的凝聚力，若是只把自己定位在正三角的高点上，对任何事情就很难处理好，因为处在这个位置居高临下，会把自己看得很重，容易产生爬得越高、跌得越重的危险。

正三角的最高点是最理想的，是每个人都追求的，但也是最危险的，因为在这个位置上，容易自高自大，得意忘形。要避免这种危险，就要深刻认识到球体原理和大自然的对立统一法则。具体地说，人不能只面对自己，同时还必须面对别人，既要做正三角的顶点，还要做倒三角的低点。因为，这个点不是孤立的，而是相对的、平衡的、互动的。个人和整体的联结关系正是在这两个三角形的动态关系中呈现。所以要想成就人生，每个人所要追求的点，不仅仅是正三角的顶点，还必须是正三角和倒三角的联结点。如果每个人都能学会用对立统一的法则来做好人生定位，最终就会融入团队，就能形成球体，使自己成为这个球体的核心，即团队的核心。

要想成功，每个人都要对自己有个正确定位。我们面对自己时要充满信心，就是自己对自己要有信心，人若失去自信心，什么也干不成；面对别人时要谦虚谨慎，不要说自己是最了不起的，要知道天外有天，人上有人，要知道水能载舟，亦能覆舟。正如毛主席所说：“在战略上要藐视敌人，在战术上要重视敌人。”[1]我觉得我们提出的这个观点，与毛主席当初讲的这句话是十分相通的，因为战略和战术是对立统一的。有很多人做事只讲自己，不讲别人；只讲战

---

① 中央档案馆、中共中央文献研究室编：《中共中央文件选集（一九四九年十月——一九六六年五月）》第40册，人民出版社2013年版，第364页。

术，不讲战略；只讲矛的一方面，不讲盾的一方面，这是完全错误的。

很多人在成就人生方面和认识大自然规律、社会规律方面做得很不够。人生活在大自然当中，生活在社会中，就应该遵循大自然的规律，大自然的这种规律用在做人、做事、做团队上都是很适用的。我们用对立统一的法则，正确看待自己，正确看待别人，就能形成正确的为人处事的价值观。每个人对于同一个事物的认识，由于站的位置不同，对事物中问题的认识和结论就不同，处理的结果就不同。就好像一个杯子，站在杯子的南面看，这个杯子在北面；站在杯子的北面看，这个杯子在南面。也就是说，站的位置和角度不同，判断事物的结论就不同，所以我们看一个杯子，理解认识每一个事物，对待每一个人，处理每一件事情，都必须客观地、全面地看待相互之间的定位。

正确的定位对成就人生起决定性作用，天、地、人乃至万事万物都有各自的定位，这是规律。正确的定位取决于什么？取决于对事物规律的认识和把握。只要懂得辩证法，懂得了它的理性，就知道应该把它定位在什么位置上了。清醒地认识自己，清醒地认识别人，正确地定位自己，正确地定位别人，才能不断检视自己、修正自己，才能不断地完善自己。从改变自己开始，去改变别人和万事万物。这是一个人在解决复杂问题时必须坚持的准则。

要合作就离不开他人，正确对待他人才能形成有效的合作，所以正确对待他人是人生定位的一门必修课。

球体核心论的原理告诉我们：按照大自然的规律，用辩证法中一分为二、二合为一、亦一亦二、一以贯之的认识方法，辩证地认识自己与别人之间的关系、领导与被领导之间的关系、企业与社会之间的关系、为公与为私之间的关系、利人与利己之间的关系、付出与回报之间的关系、成功与失败之间的关系等，懂得主次先后，做好综合平衡。站在为公的立场谈价值，站在客户的立场谈合作，站在利人的立场谈服务。如果大家都懂得了这个定位，就会自觉地认识到，对任何问题都要辩证认识，才能抓住本质，避免片面性。只有这样，合作才容易成功，价值才容易实现，目标才容易达成。这是全新的思维定式，运用这个思维定式看问题，可以改变一个人的认识，改变一个人做事的方法。对于这一点，十分值得研究。

人要成就一番事业，不在能力的大和小，能力大的人不见得能成功，能力小的人也不见得无成就。有些企业家的失败，有些有能力的人一生中没有建树、没有成就，就是因为没有树立正确的价值观，不懂辩证法，没有做好人生目标定位。我自己谈不上有多大能力，但我在实践中却悟到了一点东西，懂得了道德资本对人生的重要性，懂得了利人为公的价值观，懂得了应该怎样对待自己，怎样对待别人，懂得了一分为二、二合为一、亦一亦二、一以贯之看问题的方法，懂得了做人做事的定位。

大多数事业没有成功的人都是没有做到正确地定位自己，正确地定位别人与自己的关系。带领一个团队，把团队带散了，就是当领导的自身定位有问题；作为员工，不受大家的欢迎，就是个人在团队中的定位有问题。处理问题不分主次先后，眉毛胡子一把抓，就是不会给本质和现象定位；不知道产品的卖点就是不会给产品定位。所以，我们办一切事情，解决一切问题，都要从正反两方面考虑，找到问题的平衡点，做好各项工作的定位。如果每个人都能按照这种逻辑去运作的话，每个人都会是一个成功者。

人人都想成为团队中的领袖，但这个领袖不论大小，都要经过从英雄到领袖的转变。要想当领袖，自己首先要成为英雄，为团队贡献价值。个人若不是英雄，对他人没有多少贡献，就没有资格转变成领袖。当我们从正三角的顶点升华为正倒三角的联结点时，就是从英雄到领袖的转变过程。每个人都代表着核心，并不是说在鲁花只有老总一个人是核心，其实在这个圈圈内，每个人都是这个圆的核心。有些人在家庭中是核心，出来以后在街坊邻居中是核心，在企业管理一个车间、一个班组，核心也做得非常好，能得到大家的拥护和尊重，这样的人就容易成为团队中的领袖，就是适合当领导的人。一个人能量有多大，辐射力就有多大，球体就有多大。人的一生，能量大的人可以画个大圆，能量小的人也应该画个小圆，但最可怕的是这个圆画不起来，这就叫残缺不全的人生。要想使自己的人生能真正画上一个圆满句号，也不是很容易的。客观规律已经存在，但还得靠主观去努力，定好位，运用好了，成功的可能性就大。

鲁花人一直遵循这个球体原理，首先是把自己定位在正三角的顶点，把竞争对手定位在我们的上面，来认识竞争对手。这样才能做到知彼知己。有些人对别人的话听不进去，对别人的成绩看不见，对别人的行为漠不关心，总是自以为是，就觉着自己行，很少想到别人更行。一定要多考虑对方，研究对方的优点，多做调查研究，多向别人学习，做到知彼知己。要做到害人之心不可有，防人之心不可无。做人一定不要去骗别人，这是我们经常倡导的一句话，但另一方面，也一定要防止别人骗了我们。有些人只看到自己，不重视别人，这是大错特错的。这就失去了做人的准则，若只想自己不想别人，那就等失败就行了，因为事物的发展规律本来就是这样。

我们学习“球体核心论 • 人生定位之道”，就是要告诉大家如何正确地辨别对与错。有人问：什么是对，什么是错，这不是很简单吗？但是有很多人就是不知道什么叫对，什么叫错。因为每个人的价值观不同，认识问题的道德标准不同，得出的结论就不同。虽然每个人都知道要做对的事情，但每个人判定对错好坏的标准是不一样的。比如一个骂街的人，自己感觉非常自豪，认为自己骂得非常好，还四处炫耀自己多么会骂。但另一些人就会认为：这个人是怎么了，不怕人家笑话吗？这就是认识的不同。什么叫对？什么叫错？这个骂街的人就认为这就叫对，不认同骂街行为的人，就认为这是错的。一个人的价值观决定其道德观，道德观决定人的行为和对事物的评判，所以我们要不断提高自己的道德标准，让我们能够用正确的价值观在更高的层次上做到正确定位。

我们对事情对与错的正确定位，要有一个最基本的规则。有人把所想所做的，到我办公室跟我一说，我就知道他某一方面错了。我不是靠我的聪明判定他错了，我是靠我养成的辩证思维定式，用正确价值观的标准来衡量。这就好像一把尺子，只要用尺子一量，就知道它的长短了。那么这把衡量对与错的尺子是什么呢？这把尺子就是正确的价值观定位和一分为二、二合为一看问题的辩证法。只有用这个方法来认识问题，才能正确地辨别每一件事情的对与错，所以我们一定要把正确的价值观和一分为二、二合为一的辩证法，用到日常生活和工作中去。

我们提出这个球体核心论，是发现在日常工作中，有的同志总是处理不好同事之间、上下级之间的关系，究其原因就是在对人对事的定位上出了偏差，凡事就想当第一。想当第一没有错，但怎样对待别人？如何取得第一？如果单纯地只看见自己，看不见别人，自以为是，总把自己定位在这个正三角的顶端上，就会爬得越高，跌得越重。要求别人时，一定要把自己定位在倒三角的低点，要求自己时，一定把自己定位在正三角的高点，做到严以律己、宽以待人。只有这样，才能看到别人的优点和长处，才能处理好各方面的关系，这就是球体原理，这是我们讲的第一个道理。

第二个道理是：怎样才能使自己成为一个团队中的核心？唯一的方法就是要树立辩证认识，做到有自己必须有别人，有别人才能有自己。面对别人的时候要端正自己的认识，学会换位思考，多看别人的长处。只要把这些事情定位对了，自己的这个圆就画起来了，团队就做起来了，这个领导也就称职了。有的同志始终没有把自己定位在二合为一的位置上，所以于人于事就处理不好。做人做事不知道方向，干工作不知道轻重缓急，做事情不知道主次先后，对人不懂换位思考，做产品不清楚卖点，写文章抓不住主题等，都是不会定位的表现。因此，根据自然规律和辩证法，结合我们平时倡导的一些理念，广大干部员工要正确定位自己，正确定位他人，正确定位万事万物。

鲁花发展多年形成的这个大团队，也是在这种理论指导下建立起来的。从鲁花的发展史来看，我们认为做人、做事、做企业，都要把握好这个定位。“己欲立而立人，己欲达而达人”①，成己成物②，不可偏废。鲁花能由一个小小的乡镇物资站，发展到今天成为中国食用油三大品牌之一、中国花生油第一品牌的知名企业，包括我们下一步追求产业拓展目标的实现，这一步步成果的取得，并不是靠我个人的智慧和力量，靠的是一个大的团队。上到公司的高层管理者，下到公司的全体员工，以及整个社会资源的整合，就是鲁花的大团队。

我以前就说过，我既不是学油脂专业的，也不是榨油出身的，但我们为什么能做出鲁花这么优质的油？为什么能做出这么多的好产品？靠的就是爱心和创新，靠的就是真诚和责任。依靠道德的力量，依靠社会的力量，依靠大家的力量。而有些人在思想上对道德的力量、社会的力量、团队的力量、他人的力量和对自己的认识定位不恰当，做人做事就难免有失偏颇。我们现在各个部门，有的人带得团队非常好，能完成任务，能够融入团队和大家打成一片，对人、

①《论语·雍也》。意思是：自己想成功，也让别人成功；自己想通达，也让别人事事通达。

②《中庸》。意思是：自身有所成就，也要使自身以外的一切有所成就。

事、物都有个正确的定位，就是因为懂得了成己成物的道理。

现在，我们运用到市场上的定位也是这样，不能天天只知道鲁花自己怎么样，还要考虑到消费者的消费价值追求是什么。只有时时处处都想到别人，自己才能做成功。干企业就是要赚钱，不赚钱企业就无法生存和发展，但是也不能只考虑自己赚钱，而不顾其他，要把我们的成功建立在帮助顾客、有益社会的基础上。鲁花这三十多年来，投机生意从来不做，我们在首先考虑国家利益、农民利益、消费者利益和员工利益的基础上，才考虑为企业带来了多大的利益，考虑怎样发展企业，而不是单纯地、片面地追求企业赚多少钱。我们还得考虑员工赚多少钱，他思想的承受能力如何。如果不考虑这些，一味地追求企业赚钱，那企业肯定不会赚钱。作为员工也应该思考如果只追求自己要赚多少钱，没有考虑为企业付出，那就是没有从两方面去考虑问题，当然他的目的也就达不到。有些当领导的，只考虑员工应该为他做什么，才能达到他的要求，却没有想到他为员工做了什么，员工才能满意。所有这些人的失败，都是因为对事物规律的认识有片面性，不懂辩证法，不懂定位。

鲁花提出来要做强做大，靠什么？要做成一个长寿企业，靠什么？靠的就是“利人为公、以德取得”“知彼知己，百战不殆”的正确定位。“球体核心论·人生定位之道”阐释的就是做人做事做团队的方法，鲁花倡导的所有理念皆源于此道。

球体核心论·人生定位之道（二）*

“球体核心论·人生定位之道”是鲁花文化的根基和源头。人做对了，事才能做对。做人有三个层次：一是个人，二是他人，三是团队。正确定位自己，正确对待他人，正确整合资源，这就是球体核心论的人生定位之道。我根据大自然中太阳、月亮、地球、星星、原子、中子、质子等球体结构的组成，以及人类社会是由国家、民族、团体、家庭等组成的客观存在，发现球体和团队都具有核心，人类的生存与发展离不开球体和团队，这是大自然和人类社会的共同现象。如何处理好核心与球体的关系，如何在团队中生存与发展，如何融入团队，形成球体，做成核

* 本文是根据作者2003年9月26日关于“球体核心论·人生定位之道”的概述修改而成。

心，整合社会资源，取得人生成功，这是人们普遍追求的目标。

庄子有言：“得其环中，以应无穷。”[①]意思就是大千世界就像一个圆环，如果能够抓住核心规律，把自己定位在圆环的中心位置，一切变化自然就会应对自如。通过运用大自然的规律、人类社会的发展规律和辩证法的观点，在多年的创业实践中，我逐渐总结提炼出了做人、做事、做团队并取得成功的理论和方法。

“球体核心论·人生定位之道”主要阐述了人生定位之道、阴阳相生之道、资源整合之道。该理论方法的第一步是人要树立正确的价值观和崇高的目标定位。正确的价值观是方向，也是目标定位，价值观决定人生目标的实现。我们用三角形表述，正三角的顶点就是人们追求成功、追求高峰、追求第一的目的地，这是人生的目标定位。定位是人生三步走中最重要的一步，一个人要有理想、有抱负、有能力，必须追求人生的至高点。人往高处走，水往低处流，这是规律。如果没有目标定位或定位摇摆，人生就会迷失方向。世界的万事万物都有自己的定位，我们要做一个什么样的人、什么样的企业，生产什么样的产品，

①《庄子·齐物论》。

解决什么样的问题，都要找准定位。有的人也有人生定位，但他们的定位不正确，比如把损人利己、追求不正当的财富当作目标，这就偏离了人生的方向。只有有了正确的定位，才能有的放矢，才能找到解决问题的方法。如果没有正确的定位，处理问题的结果就会事与愿违。不同的定位会产生截然不同的人生格局和命运。人生没有定位，就没有目标方向。所谓人生定位，就是把自己定位成什么样的人，定位在什么高度。定位正确与否，直接决定人生的成败。

第二步要学会一分为二、二合为一、亦一亦二、一以贯之的辩证法。事物的发展规律是对立统一的，任何事物都是一体两面，有正三角就应该有倒三角，有上就有下，有左就有右，有对就有错，有男就有女，有自己必须有别人，有别人才能有自己，这是辩证法的观点。单纯讲自己时，要把自己定位在正三角的最高点，自信并充满激情；面对别人时，要把自己定位在倒三角的最低点，虚怀若谷、尊重他人、谦虚谨慎，才能包容他人，接纳新生事物。若只把自己定位在正三角的最高点，人就容易狂傲自大，听不进别人的意见和建议，违背了规律，就有爬得高、跌得重的危险；若只把自己定位在倒三角的最低点，人就容易消沉、不思进取、萎靡不振。所以每个人都要根据对立统一的辩证法，用一分为二、二合为一、亦一亦二、一以贯之看问题的方法，对自己遇到的人、事、物进行科学定位。只有把自己定位在正倒三角的联结点与万事万物的平衡点，知道你中有我、我中有你、一体两面的道理，每个人才能完成从平凡到非凡或从英雄到领袖的升华。

第三步要融入团队，形成球体，做成核心，整合社会资源。当正三角、倒三角、左三角、右三角填充起来时，就会形成球体，即团队，处于联结点的这个地方就是核心。这样，个人与他人、核心与周边就形成一个和谐共生的关系。若每个人都会用"球体核心论·人生定位之道"来指导人生，懂得个人的力量是有限的，团队的力量是无限的，懂得用辩证法的思维融入团队、形成球体、做成核心，整合社会资源，就会成为一个组织、一个团队、一个企业或社会群体的核心，就会形成强大的向心凝聚力和资源整合能力，像磁铁吸引铁末一样，吸引并辐射周围的人和社会群体，整合、利用社会资源，成为一个有道德的核心型人才，所做的事业就会无往而不胜。

球体核心论·人生定位之道（三）*

多年来，经过大家的共同努力，我们逐渐提炼出了贴近鲁花实际的鲁花人自己的文化。特别是“球体核心论·人生定位之道”的提出，以及“爱心是鲁花的向心凝聚力，创新是鲁花的发展提升力”这一鲁花人行动纲领的确立，为鲁花的道德文化找到了源头；为“创建优秀团队”“管理就是服务”“从群众中来，到群众中去”“爱己先爱人，做事先做人”“有自己必须有别人，有别人才能有自己”“产业报国，惠利民生”“明道多德、利人为公、先爱他人、以德取得”“鲁花是大家的鲁花，是参与者的鲁花”等一系列理念找到了定位。

“球体核心论·人生定位之道”中主要阐述了三

* 本文是根据作者在鲁花集团2003年度工作总结会议上的讲话修改而成。

个观点：

第一点就是正确的价值观和崇高的目标定位，这就是“爱心是鲁花的向心凝聚力，创新是鲁花的发展提升力”。只要牢牢地记住这两句话，记住这个鲁花人的目标定位，干任何事情就不会背离初衷。团队没有凝聚力，干群关系搞不好，源于缺少爱心，只要充满爱心，就不会搞不好；业绩没有提升，工作没有成效，源于缺少创新，只要不断创新，就不会没有成效。所以，在鲁花，没有爱心和创新，个人就不会有进步，企业也不会有发展。当初毛主席提出“为人民服务”作为共产党的定位，就是要求共产党人必须时时处处以“为人民服务”为宗旨，去做一切事情。“为人民服务”也是我们鲁花人的定位：为消费者服务，为农民服务，为经销商服务，为市场服务，为全员服务。坚持这个定位并努力践行，企业就会生生不息。

第二点就是相反相成、对立统一的辩证法。通过学习让大家认识对立统一法则，认识客观规律。告诉大家干一切事情都要一分为二、二合为一、亦一亦二、一以贯之地去考虑问题，为人处事要做到有自己必须有别人、有别人才能有自己。大自然有白天和黑夜，这是大自然的规律。白天看得比较清楚，黑夜就往往有模糊的地方，我们的追求就好比是让人在黑夜看东西能够和白天一样清楚。在观察事物上，有现象和本质的区别，人容易被现象迷惑而看不清本质。只有透过现象抓住事物的本质，问题才会迎刃而解。在做人做事上有成功和失败的规律，大多数人对成功看得比较清楚，对失败看得比较模糊。因此我们就要研究失败，把各种隐患消灭在萌芽状态，才能防范失败；具有危机意识，防患于未然，才能立于不败之地。

鲁花这些年为什么是成功的？因为我们始终具有强烈的危机意识、机遇意识、超前意识、创新意识，时时处处首先预料到失败，才避免了失败，这一点是非常重要的。一个国家如果没有危机意识，就难以做到长治久安；一个企业如果没有危机意识，就容易产生突发事件；一个人如果没有危机意识，人生就难免遇到挫折。所以孟子警告说："生于忧患而死于安乐。"①危机和机遇是并存的，是一体两面的，危中有机，机中有危。老子曰："祸兮，福之所倚；福兮，祸之所伏。"②

①《孟子 · 告子》。意思是：忧虑祸患能使人生存发展，而安逸享乐会使人走向灭亡。

②《道德经》第58章。意思是：灾祸啊，幸福倚傍在它里面；幸福啊，灾祸藏伏在它之中。

危机的另一面是机遇，在危机中能找到并抓住机遇就会反败为胜；机遇的另一面是危机，当机遇来临的时候，里面也包含着危机，如果没有危机意识，本来应该成功的事情也可能走向失败。人一生当中能不能避免危机，关键就看是不是具备危机意识和机遇意识。碰到机遇，稍不留神就会变成危机，遇到危机慎重对待，也可能发现机遇。

此外，人还必须有超前意识和创新意识，超前意识就是要能超前预料到事物的发展趋势，把握住事物运动变化的规律，既要有睹始知终的先觉，也要有未雨绸缪的防备。具有超前意识，才能占得先机，顺势而为。正如毛主席所说："没有预见就没有领导！"[①]在超前意识的基础上，如何做到"为之于未有，治之于未乱"[②]？就要运用创造性思维和创新的方式应对未来的变化，这就是创新意识。预见、创新是我们判定趋势、抓住机遇、持续精进的能力。有很多失败的人、失败的企业，就是因为他们只想到成功，没有

①《在中国共产党第七次全国代表大会上的结论》(一九四五年五月三十一日)，载《毛泽东文集》(第三卷)，人民出版社1996年版，第394页。

②《道德经》第64章。意思是：要在事情没有发生以前就早做准备，要在祸乱没有产生以前就处理妥当。

预料到失败；只关注了现象，没有洞察到本质；只看见了现在，没有预见未来；只固守经验，没有创新发展。这些都违背了辩证法，需要我们举一反三地加以认识。

第三点阐明了球体和核心的关系。球体和核心阐述的是有效地整合利用社会资源的问题，很多人往往忽视了这个重大的问题。我认为，能力大小的最大区别就在于对社会资源的整合和利用。鲁花文化中讲道德能力有多大，团队就有多大，球体就有多大，辐射力就有多大，支配利用的资源就有多大。对社会资源的整合过程，也就是从英雄到领袖的转变过程。个人英雄主要是挖掘自己内在的潜力，团队更具有整合社会资源的能力。尽管个人能量的挖掘是非常重要的，但它是有限的。有句谚语说："一个人浑身是铁也打不了几根钉。"所以我们提出了"个人的力量是有限的，团队的力量是无限的"。社会资源是人类共有的一块资源，而不是哪一个人特有的；有能力的人就多把握，没有能力的人就少把握。当你有能力整合更多的社会资源时，你的球体就会做大，就能取得更大的成功。

价值观决定人的定位，定位决定人的心态，心态决定人生的成败，所以正确的价值观和崇高的目标定位非常重要。我们一定要认识到世界的万事万物都是在变化中生存。我们必须提升洞察能力和应变能力，与时俱进。只有运用辩证法一分为二、二合为一、亦一亦二、一以贯之的方法认识问题、解决问题，才能融入团队、形成球体、做成核心，有效地整合社会资源。

洞悉“球体核心论·人生定位之道”会有益于人的一生，改变一个人的观念，改变一个人的领导方法，改变一个人的性格，会影响到一个人以后几年，甚至几十年的进步与成功。

附：

“球体核心论·人生定位三步走”示意图

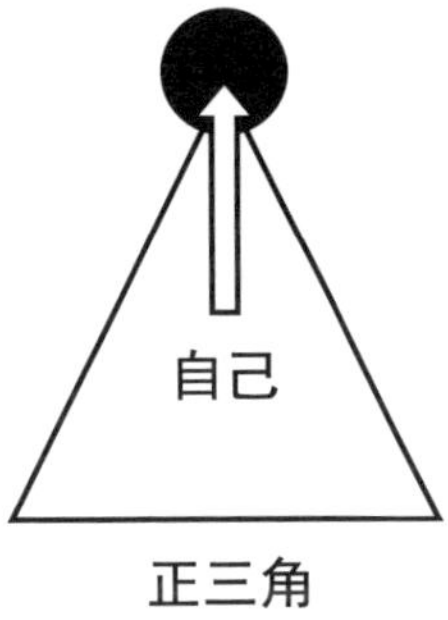

第一步：人生定位之道

（一人一太极）

人要树立正确的价值观

和崇高的奋斗目标定位

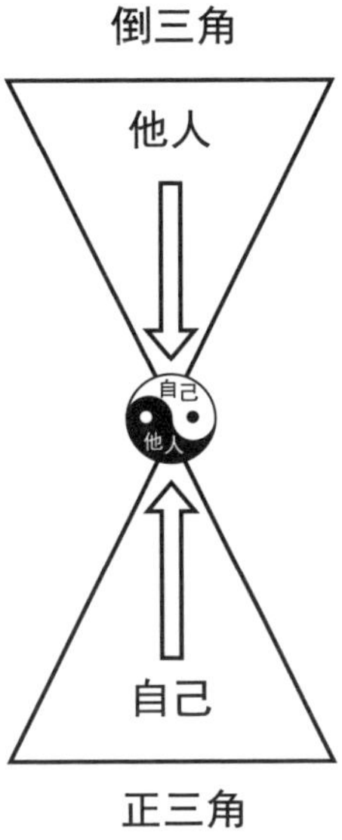

第二步：阴阳相生之道

（一阴一阳之谓道）

一分为二，二合为一，

亦阴亦阳，一以贯之

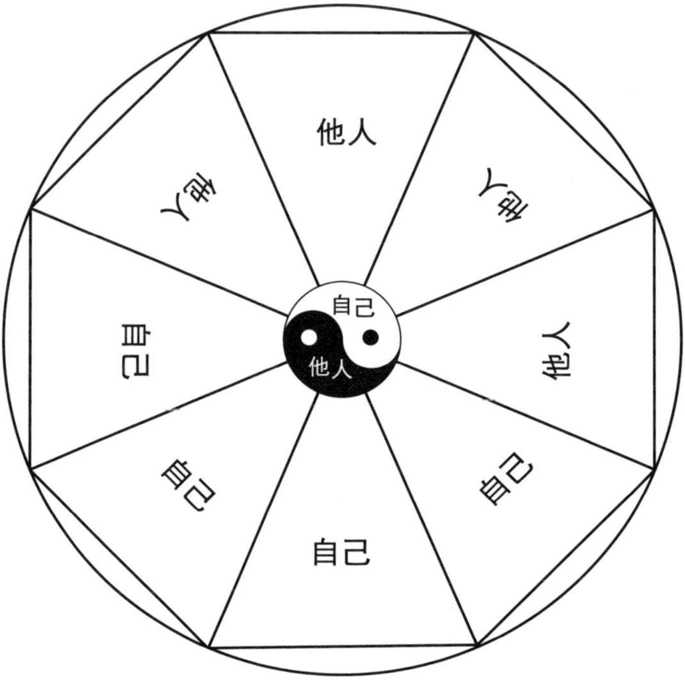

第三步：资源整合之道
（简易八卦　生生不息）
融入团队，形成球体，
做成核心，整合社会资源

“爱心、创新”是鲁花人的行动纲领*

为更好地学习贯彻鲁花“爱心、创新”文化，真正把“爱心、创新”灌输到干部员工的思想当中，我们要将“爱心是鲁花的向心凝聚力，创新是鲁花的发展提升力”作为日常工作的行动纲领，让每一个鲁花人真正了解它、定位它、运用它。通过大家对“爱心、创新”文化的学习和运用，让干部员工的思想和行为得到统一和提高。“爱心、创新”文化绝不是可有可无的事情，我们一定要把它作为当前和今后各项工作的总定位，因为“爱心、创新”是鲁花三十多年的经验积累以及对事物发展规律的把握，体现了动和静的辩证统一，是中西文化的结合。

---

* 本文是根据作者2003年7月19日在鲁花集团副主任以上干部学习会议上的讲话修改而成。

晚清名臣张之洞提出："中学为体，西学为用。"[1]这就是强调以中华优秀道德文化为根本，同时采用西方国家的近代科学技术。纵观东西方文化的发展史，中国传统文化的优点在于平衡、和谐、内敛、包容，是静的文化；西方近代文化的优点在于不断地发明、创造、竞争、对外扩张，是动的文化。世界的万事万物都是由相对的两面组成，我们提出的"爱心、创新"是静与动的结合，是阴与阳的结合，是东西方文化的结合，是不变与变的对立统一。"爱心、创新"是推动鲁花公司前进的两个"轮子"，缺一不可。爱心是德，是不变的；创新是才，是变化的。"爱心、创新"阴阳相生，企业就会生生不息，这是鲁花不断发展的根源。

鲁花能够从一个小小的物资站发展到今天，就是因为始终牢牢把握着鲁花"爱心、创新"文化，特别是我们提出了"球体核心论·人生定位之道"，为"爱心是鲁花的向心凝聚力，创新是鲁花的发展提升力"等一系列理念找到了源头和定位。有了爱心，鲁花承诺绝不让消费者食用一滴不利于健康的油；有了爱心，鲁花就有了不断创新的源动力，用创新的成果

① 张之洞《劝学篇》。

更好地服务社会大众。

鲁花文化中讲的爱心和创新，实际是指做人和做事。“爱心是鲁花的向心凝聚力”中的爱心，是指做人；“创新是鲁花的发展提升力”中的创新，是指做事。鲁花通过对“爱心、创新”文化的挖掘，提炼出了“爱己先爱人，做事先做人”的“先爱”理念，把做人放在第一位来考虑。鲁花的爱心是以人为基点的，认为只有做好人，才能做成事，思想决定行为。现在有人很多事做不好，就是因为他们做事的出发点违背了做人的理念。做人必须有思想、有信念，做事只是一种表现。把事情做好了，是因为思想理念正确；如果思想理念不正确，就很难做出优秀的事来。这个“先爱”的理念是鲁花爱心文化的精髓，是鲁花爱心文化的高度概括，博大精深。它不仅仅属于一般的道德范畴，而是进一步提倡大家学会先爱他人，通过先爱他人达到爱自己的目的。

我们提出“先爱”的理念，提出先爱他人而后达到爱自己的目的，是非常有道理的。比如我们使用的所有原料都是农民种的，就得爱农民。爱农民，归根结底就是爱自己的一种表现。农民来卖花生米，有的人就认为把价格压得越低，做得越对。这是非常错误的认识，这就是不爱自己的表现。我们一定要将企业的利益与农民的利益结合起来，把他人的利益和自己的利益结合起来，统筹兼顾，成为利益的共同体，成为命运的共同体，企业才能得到持续不断的发展。因此，我们一定要把这种“先爱”用在决策工作和生活的方方面面。有些人就是不明白“先爱”的意义，总是先考虑自己能得到什么，而没有想到自己应该先付出什么，才能自然而然地得到什么。每个人只要定位了这种“先爱”的思想，正确处理付出与回报的关系，在社会上就能积累起雄厚的道德资本，就能成为道德高尚的人。

正确地定位自己、正确地定位他人，这个理念涉及每一个领导干部如何与自己的上级、自己的同事、自己的部下处理好关系，关系到如何把鲁花这个大团队做和谐。做好鲁花大团队，关键在两个方面：一方面是如何融入团队。做好团队难，融入团队更难。我们每个人只要进了鲁花门，就是鲁花人。既然是鲁花人，就要融入鲁花这个大团队。要融入这个大团队，就要甘愿做团队中的学生，不以师自居，屈己待人，达到群己合一。另一方面是如何做好团队。领导干部一定要明白自己身上的担子，一定要知道作为一个领导者，身先士卒和以身作则对做好团队是多么重要。鲁花集团多年的成功，从小到大的发展都是由于上下同欲、观点一致、目标统一、行动迅速所取得的。在鲁花当干部最怕的就是骄傲自满，总觉得自己比谁都有本事，比谁都有能力，谁都瞧不起，“老子天下第一”；最怕的就是年轻的同志瞧不起年老的同志，有文化的同志瞧不起有经验的同志，有经验的同志瞧不起有文化的同志。这就要求大家要认真践行企业道德文化理念，持续不断地努力学习。对此，每个干部员工都应该有着清醒的认识。现在是市场经济，没有养闲人的地方。虽说鲁花很讲爱心，但鲁花不会养闲人。现在这个时代是“扶竹竿不扶灌绳”，你什么能力都不具备，又不能通过学习提高自己，没有人会看得起你，所以大家必须统一思想、互相尊重、互相学习、取长补短、共同提高。

有些同志凡事自以为是，不愿意和大家商量，这是当干部之大忌。把自己的想法告诉别人有什么不好呢？当干部的把想法握在手心里，让员工猜，这是大错特错！当干部的不论做什么事情，一定要告诉自己的部下，让他们了解要做什么，怎么做，达成的目的是什么，他们就会配合你。正如毛主席所说的：“群众知道了真理，有了共同的目的，就会齐心来做。”[①]在过去战争年代，毛主席领导部队就善于搞战前动员，战前动员就是把战斗的意义告诉每一个干部和战士。而我们有些干部就不愿搞战前动员，不知道把人气做旺，只愿意做孤家寡人。于是，大家有话不和你说，有困难不帮你解决，最后导致失败是必然的。现在越是在高层领导这个岗位上，这方面就越是重要。

我们的各级领导，如果自高自大，以自我为中心，不愿联系群众，不愿与别人沟通，不搞调查研究，听不得别人的意见和建议，就不是一个称职的干部。我们学习“球体核心论·人生定位之道”的目的就是要学会正确地定位自己，正确地定位他人。现在大部分人对待自己有余、对待别人不足，实际上人际关系应是平衡的，光想自己不顾别人的人，一生不会有建树。知彼知己，正确地知道别人、知道自己，才能与别人合作，才能把干群关系搞好，把事情做好。鲁花说不能骗别人，你却骗别人；鲁花要求保护经销商，你却克扣经销商；鲁花要求不要跟别人打仗，你偏去跟别人打仗。鲁花反对的东西你偏去做，这就背

---

① 《对晋绥日报编辑人员的谈话》(1948年4月2日)，载《毛泽东著作选读》(下册)，人民出版社1986年版，第644页。

离了鲁花的企业文化。鲁花要求大家把内部与外部之间的关系搞好，当然这个搞好必须讲究原则，讲究方法。有些同志认为一讲原则，就没法干了。我们可以把原则和方法有机地结合起来，原则是鲁花对领导干部最起码的要求，是领导干部坚守的底线，领导干部在工作中失去原则，就失去了一切。方法是手段，具有灵活性，是为原则服务的，你不能说关系搞不好是在讲原则。你即使有再大的情理，只要把关系搞糟了，也是违背了鲁花的企业文化。

有些同志干工作始终在看领导的脸色，看领导是否满意。这种态度是错误的。鲁花团队倡导以责任、目标为本，干什么事情，都要靠自己的责任心，责任心大的人就会不顾自己的得失来承担责任。有些人是符合自己的利益就负这个责任，不符合自己的利益就不负这个责任，这都是不爱自己的表现。大担当，成大事；小担当，成小事；没担当，不成事。承担责任是每个人做事的基本准则，任何一个地方都没有不用承担责任的工作。只有把自己的工作做得更专注、更完美，公司才会让你承担更大的责任，因此敢于承担责任是人生能够取得成功的重要素质。

人还要正确地看待表扬和批评，不要把这些东西看得太重，要做到“闻誉恐，闻过欣”[①]。得到表扬，要更加谦虚谨慎；受到批评，改过来就是了。但是有些同志得到领导的表扬，就沾沾自喜，得意忘形；受到领导的批评，就耿耿于怀，马上拿出个脸色来给人瞧瞧，精神不振，牢骚一片，认识不到批评是一面镜子，能让我们反思，找到不足之处。这些人都是对做人做事的规律认识有偏差，定位有问题，所以要不断提高自己的修养，做到得意不忘形，失意不现形。

孔子曰：“无欲速，无见小利。欲速则不达，见小利则大事不成。”[②]就是告诉我们，做事情不要图快，不要只看见小利，图快反而达不到目的，只看见小利，那么就难以成大事。所以大家一定要处理好付出与回报的关系，一定不要急于求成，不要搞短期行为，不要单纯地追求眼前利益，必须把眼前利益和长远利益有机地结合起来。

我们提倡无私的奉献，按照辩证法的观点，既然有无私的奉献，就会有有偿的回报与之相对应，使大家的付出能够得到相应的回报。若只有付出，没有回

---

①《弟子规》。意思是：听到别人恭维自己，就感到惶恐不安，听到别人指出自己的过错，就欣然接受。

②《论语・子路》。

报，就违背了规律，就只能是空谈了。有的人说，现在是市场经济，还讲什么无私的奉献？但我认为再过几千年，无私的奉献还是要讲的。比如我们养个鸡，还得先投资买个鸡雏回家养活半年后才能下蛋，才能得到回报。我们要从这些理性的方面教给自己的员工，正确地、辩证地认识付出与回报的关系。当你首先思考我能为他人和公司做出什么，而不是他人和公司为我做了什么的时候，才能真正地有担当。

在鲁花，没有担当的人是没有前途的。在企业文化里，我们倡导做人要能吃苦、能吃亏、能受气、能忍耐，从某种程度上讲，忍耐是非常重要的，需要有一种持重守诚的毅力。如果你一口喝不着个豆就感觉不行，忍耐不了，放弃了，就可能失去成功的机会。忍耐是人生追求成功的一个必经过程，如果努力支撑过这段时间，你就可能得到成功的机会。

我们每一位同志不要只考虑自己在鲁花出了多少力，与给自己的回报不相称。有的同志来到鲁花后，一个部门还没转遍，就时时处处考虑到自己的职务、自己的升迁、自己的收入，这就有悖于鲁花的企业文化，不懂得先有付出、后有回报的道理。十几年前，我们把“鲁花是大家的鲁花，是参与者的鲁花”作为公司的定位来倡导，但有很多人不理解，怎么能是大家的鲁花，是参与者的鲁花？因为鲁花这个平台自始至终是提供给大家的。鲁花这几年把挣来的钱全部用在滚动发展上，这个平台发展越大，大家在这个平台上的保险系数就越高，抗风险能力和竞争力就越强，受益的人数就会越多，个人收入就会越高。事实证明：在鲁花，谁贡献得越多，谁就会越受益。所以大家要珍惜自己的岗位，珍惜自己的企业，处理好爱企业和爱自己的关系。

我一直有个愿望：一定要把鲁花建成一所培养人的大学校，把大家培养成德才兼备的人，培养成对社会、对国家有更大贡献的人。不能让来到鲁花的人单纯地追求物质和金钱，关键还要学会做人做事的道理。要教会员工认识到自己存在的价值，就是我能为别人带来什么利益，为家庭、国家、社会带来什么价值。如果不这样想，不这样做，就失去了自己存在的价值和意义。要教会员工怎样做一个有道德的人，怎样做一个有利于家庭的人，怎样做一个有利于企业的人，怎样做一个有利于他人、有利于社会、有利于国家的人。慢慢地让大家明白有自己必须有别人，有别人才能有自己。如果只有自己，没有别人，人类就要灭亡了。

我们有些当领导的，往往只要求自己的员工怎样做，才能达到自己的要求，但是很少想到，自己怎样做才能达到员工的要求，所以许多人很容易存在片面性。我们学习“球体核心论·人生定位之道”，其中一个目的就是要懂得定位，懂得站在对方的立场想问题，懂得不要站在正三角的顶端往下看，应该站在正三角的顶端往上看的道理。当你往下看时，就意味着每天看到周围的人都比你差，看到能力比你差的人收入比你高，心里就不平衡。如果往上看呢？看一看在鲁花有哪些先进事迹值得你学习，有哪些人应该向他们看齐，你就进步了，这就是往上看的意义。看一个人是这样，看一件事是这样，看一个企业也是这样。我们只有掌握了这种认识方法，才能使自己每天都有好心情，每天学到新东西，每天产生正能量。人固有的一些思想观念是很难改变的，改变自己是一个痛苦的过程，并不是我们今天说了，大家就会马上改变。要知道，一个人的进步与提升，最重要的不是超越别人，而是超越自己。为了做好团队，为了使自己能够有前途，我们就必须有恒心，一点一点地去改变自己。

通过对“爱心、创新”文化反复地学习和实践，我们意识到爱心是创新的基础，创新是爱心的体现，没有爱心就没有创新，没有创新，爱心也无从谈起。我们的目标就是要通过爱达到凝聚，通过凝聚追求创新，通过创新加快发展。鲁花人要想干、会干、实干、巧干。怎样巧干？创新就是巧干。一个国家、一个民族如果没有创新就不会有发展，也不会有进步。习近平总书记说：“纵观人类发展历史，创新始终是一个国家、一个民族发展的重要力量，也始终是推动人类社会进步的重要力量。不创新不行，创新慢了也不行。如果我们不识变、不应变、不求变，就可能陷入战略被动，错失发展机遇，甚至错过整整一个时代。”[①]创新是我们鲁花人的行动纲领，多少年来我们一直强调创新，只有创新才能适应社会的变化，只有创新才能更好地满足客户的需求，只有创新才能有发展，才会有未来。创新的目的就是保证产品在市场上有差异化，使消费者利益最大化。鲁花这些年为什么发展这么快，就是由于在坚持爱心的基础上不断地创

① 习近平：《为建设世界科技强国而奋斗：在全国科技创新大会、两院院士大会、中国科协第九次全国代表大会上的讲话》，人民出版社2016年版，第6页。

新。通过创新，我们实现了产品的差异化，提高了市场竞争力，降低了成本，提升了产品的含金量，赢得了消费者的青睐。鲁花发展到今天，所有成绩的取得都是持续不断追求创新的结果。

鲁花在各方面都要创新：思想观念创新，人才团队创新，产品研发创新，生产运营创新，市场营销创新，服务理念创新，财务管理创新，文化建设创新。鲁花要成为创新型企业，关键是要打造一支结构合理、素质优良的创新型人才队伍，激发各类人才的创新活力和潜力，调动和尊重全体干部员工的创新精神，激励大家争当创新的推动者和实践者。让谋求创新、推动创新、落实创新成为鲁花人的自觉行动。没有创新的意识，没有创新的能力，没有创新的行动，没有创新的成果，是不符合鲁花文化的。我们讲德才兼备，德就是正确的价值观，才就是创新能力。我们不光要重视德，也要重视才，重视才就是重视一个人的创新能力。优秀的人才必须是德才兼备，一个德才兼备的人能改变一个单位或部门的前途和命运。在营销部门也是如此，做市场不管怎么苦、怎么累、怎么难做，你能做得与众不同，能做出出人意料的业绩，能总结出让别人学习借鉴的优秀经验，这就是创新。

鲁花凭着锲而不舍的创新精神，从一个小小的物资站发展到今天，从5S压榨工艺的成功到自然鲜酱香酱油的技术领先，不仅是我们创新成果的升华，更是鲁花创新精神的发扬。我们要大张旗鼓地表彰创新，要大兴识才、爱才、用才之风，在创新实践中努力发现创新人才、凝聚创新人才、培养创新人才、保护创新人才、支持创新人才、激励创新人才，不拘一格地提拔重用创新人才，从而培养造就出一大批熟悉市场运作、懂得经营管理的创新型人才，并为他们的发展创造良好的工作环境。

科学技术日新月异，不重视创新，没有创新的人才，没有创新的产品，企业发展就会寸步难行。我们的高层干部都要树立创新意识，要关注所辖单位的创新人才和创新成果。不管是在市场营销方面还是在生产经营管理方面，很多困难都是通过创新来克服解决的，只有创新才有出路，所以创新必须与经济效益挂钩，必须与我们的四大优势挂钩。我们的创新要为提升品牌的含金量服务，为提高产品的质量服务，为降低生产成本服务，为提高产品的销量服务，为满足消费者需求服务。创新并不仅仅是领导干部的事，也是全体员工的事，我们要营造全员创新的良好氛围，要人人想创新，处处有创新，人人都是创新高手，在各行各业都要掀起创新的热潮。只要形成这个局面，我们的企业就能始终保持旺盛的生命力。

我们把“球体核心论·人生定位三步走”定为人生成功之道，把“爱心、创新”定为鲁花人的行动纲领，这是鲁花文化的源头，鲁花所有理念都与这个源头分不开。如果我们不把源头理解了、掌握了，后面提出的所有理念就会成为空洞的口号。大家只要把这个源头理解了、掌握了，像珍宝一样来珍惜它，就能在实践中把握鲁花文化的实质，把握事物发展规律。按照“爱心、创新”的总定位去做，我们每个人都会成为鲁花公司的栋梁之材、成功之材，鲁花就会像一颗灿烂的明珠镶嵌在中国的大地上。

明道多德　行道有神*

诠释“球体核心论·人生定位之道”

早在十几年前，我提出了“球体核心论·人生定位之道”，这是我人生实践中的感悟，也是我对规律、道德的信仰。

每一位领导干部都追求当一名优秀的管理者，追求成为人生的成功者。要实现这个理想，必须把握两点：一是道德规律；二是辩证法思维。不明道德规律，就站不高，看不远，看不深，看不透，看不全；不懂辩证法思维，做事情就不知道主次先后，分不清现象和本质。没有道德，不懂辩证法，就做不好日常工作，所以这两方面对大家做好人、做好事、做好团

* 本文是根据作者2014年10月9日在鲁花集团第55期企业文化培训班上的辅导讲话修改而成。

队、做好市场、做到成功非常重要。通过这几年不断地学习中华优秀传统文化，特别是学习《易经》后，大家明白了世界的万事万物都是由两面组成的，这是大自然的规律。辩证法是其中的一面，另一面就是道德规律。今天我们学习《易经》和“球体核心论·人生定位之道”，其中的精髓不是技术层面上的，而是精神层面的，是无形的，是看不见摸不着的，但又是起决定性作用的，它就是“道”。

人一生中要想成功，首先要明白道理，就是要明“道”。古语云：“君子乐得做君子，小人冤枉做小人。”这句话我感触很深。过去，君子是指当官的人，也指有道德的人；小人是指一生没有作为的人，也指自私自利的人。君子一生都生活在幸福之中，而小人却在折磨中生存。有一则《天堂和地狱》的故事，说一些人去看天堂和地狱，他们先来到地狱，看到里边有许多长条桌子，桌子上摆满了各种饭菜。大家对坐在桌子两边，每个人手里拿着一双很长的大筷子，把夹起来的饭菜往自己嘴里放，但是筷子太长了，总是被对方打掉，没有一个人能把饭菜送到自己的嘴里。他们都互相抱怨，互相憎恨，受尽折磨，个个骨瘦如柴。这些人又去看天堂，看到的是同样的长条桌子，同样相互对坐的人，同样的饭菜，同样的大长筷子。不同的是这里的人把夹起来的饭菜不是往自己嘴里送，而是送到对方的嘴里，所以个个吃饱喝足，肥头大耳，过着快乐的日子。从这个故事中我们得到启发，悟出一个道理：为他人就是为自己，为自己必须利他人。

现在有些同志当领导了，就要思考怎么样成为一个明道的人，所以我提出了“明道多德，行道有神”。这个“德”不仅指道德，也指所得，我们要加强对“道”的研究和学习，掌握“道”的智慧。当你把生产、营销与《易经》、《道德经》、《中庸》、“正倒三角”这些“道”的智慧结合起来时，在生产经营管理中遇到的问题、在市场中遇到的问题、在团队建设中遇到的困难都会迎刃而解。

什么是道？我的学习体会是：道有天道，有人道。天道就是大自然的规律。人道是什么？就是天赋予每个人的人性，就是儒家文化提出的忠、孝、仁、义、礼、智、信等道德品质。

“忠”是立国之本，“孝”是立家之本。“忠”就是热爱祖国，忠于国家，忠于自己的工作职责；“孝”就是善事父母，尊老敬贤，报答父母养育之恩。不忠不孝不能立于天地之间。“仁”就是仁爱、慈善，在鲁花就是“先爱”，就是利人。“义”就是为公，只做大家公认对的事，不做大家公认错的事，凭良心做有益于他人的事。“礼”就是规矩，是制度。中国是一个讲礼的国家，这个礼从古至今始终没有中断，它时时处处都能体现出来。比如小孩从小就知道不能打骂父母，吃饭时懂得长幼有序,招待宾客懂得座次等。古语云:“大礼三百，小礼三千。”我们不能懂得三千，但起码要学一些最基本的礼。“智”当知识讲，当智慧讲，也当知道讲。也就是说，只有明“道”了，才能算真正有智。最后是“信”，诚信是立身处世之本，是为人之道。我们每个人都要讲诚信，只有恪守诚信才能赢得信任。围绕这七个字去做，就是明“道”了。

从道的层面上讲，可以对“球体核心论·人生定位三步走”三个示意图（见本书46、47页），做更深层次的理解：第一个图是太极图，一人一太极；第二个图是阴阳图，一阴一阳之谓道；第三个图是八卦成图，生生不息。第一个图是告诉我们：人要胸怀大志，要有正确的价值观和崇高的目标定位。正确与崇高就是要符合人道，以道德为先，有了这样的志向，就会为这个远大的目标努力。第二幅图正三角的高端代表自己，倒三角的低端代表他人，也就是正确定位自己，正确定位他人。这幅图告诉大家万事万物都由两面组成，不管是做人还是做事都是对立统一的，要力求做到天人合一、群己合一、知行合一、一以贯之。要用一分为二、二合为一、一以贯之的辩证法思考问题。第三个图就是代表对社会资源的整合。社会资源是人类共有的资源，既不是哪一个人的资源，也不是哪一个单位特有的资源，谁的能量大，谁能整合的资源就多。就好像我们一个办事处的经理，干好了就可以干一个大分公司的经理，干一个省级总经理。能量有多大，辐射力就有多大，能调动的资源就有多大。有些人也有目标定位，但是不懂得放下自我，鱼和熊掌想兼得。同志们明了道以后，就会明白该放弃什么，这就是有失必有得，有得必有失。

我们现在天天学习阴阳之道、无中生有、定位论、辩证法、中庸之道，就是让大家知得失、明进退、懂定位。不义之财虽然马上就会得到，但是根据事物发展规律，得到了不义之财，以后失去的要远远多于所得到的，会受到道德规律的惩罚，因为道德是根，财富是果，没有高尚的道德为前提，用卑劣手段获得的财富是不长久的。所谓德不配位，必有灾殃，多行不义必自毙。像社会上的贪官，因为得到了不义之财，失去的却是一辈子的前程和自由，追悔莫及。

轩辕黄帝被推举为天下共主之后，遍访名士寻求指点，后来遇到广成子，广成子给了他四个字——道政合一。所谓道政合一，用今天的话来说就是凭良心为人民服务。什么是良心？良心是恻隐之心、善良之性、是非之识。当你不用的时候找不到它，当你用的时候它就会出现。孟子说：“所不虑而知者，其良知也。”[①]每个人先天都拥有良知，拥有良心，区别就在于后天是否能够坚守。“绝不让消费者食用一滴不利于健康的油”就是鲁花人坚守的良心，是鲁花人信守的道德，是鲁花人对国家粮油战略的“忠”与“孝”，是对中国农民的“仁”，是对中国食用油行业的“义”，是对中国家庭的“礼”，是对竞争对手的“智”，是对合作伙伴的“信”，因此鲁花赢得了农民的信赖，赢得了竞争对手的尊敬，赢得了合作伙伴的支持，赢得了亿万家庭的喜爱。

这组图还可以这样讲：如果第一个图代表知识，

---

①《孟子·尽心上》。意思是：不经考虑就知道的，是人的良知，也就是平常所说的良心。

那么第二个图就代表智慧，因为任何事物都是相对的，有上就有下，有左就有右，有前就有后，有阴就有阳，既要一分为二，又要合二为一，知彼知己，知所先后，才真正有智慧。第三个图代表既知上又知下，既知左又知右，凡事都能举一反三，就能无所不通，无所不晓，就是代表知道。我们要从知识转化成智慧，从智慧转化成知道。知道天的道理，知道地的道理，按照天地的道理就能知道人生的道理，就能更好地依道而行，做到天人合一。达到这个程度，就会感觉到有神奇的力量在帮助你，任何困难都能克服，这就是“明道多德，行道有神”。这三个方面是一步一步逐次提升的，有些同志一生中走到知识这个层面就结束了，这是非常可怜的。

技能方法比较容易学，如果不明道、不行道，学到的技能方法在实践中也很难坚持下来。急功近利，以自我为中心，“我”字当头是行不通的。我们不仅要学会方法，更重要的是要明道。孔子告诉我们要修，修什么？就是修道德。我们追求的是从一个低级趣味的人，变成一个德才兼备、相互协作、利人为公、关爱他人、品德高尚的人。

鲁花这三十年是成功的三十年，就是在遇到任何挫折和困难时，我们能够克服困难，取得成功。有些同志在市场上畏难发愁，就是因为没有明道。倘若明道了，学会定位了，就能抓住事物的本质，就可以看到精微之处，看见深层次的东西，问题就会迎刃而解。

《中庸》讲："致广大而尽精微。"[①]广大是什么？广大就是大到没有外面了，就是全覆盖、站得高、看得远，没有看不到的地方。如果不注重学习，不明道，没有道德素养，就无法做到广大。精微是什么？关尹子讲："其大无外，其小无内。"[②]精微就是小到没有里面了，就是看得深、看得透、明察秋毫。在工作中，连一个小问题也瞒不过你的眼睛，就好像打鱼一样，会打鱼的人老远就能看见鱼在水里游，就知道有多少鱼、多大的鱼。不会打鱼的人会感到很奇怪，鱼在水底怎么看见？这就是精微，这就是见微知著。如果老是浮在上面，不深入工作现场，不做深入细致的调查研究，不懂辩证法，就无法做到精微。所以，领导干部一定要像中医号脉一样，对每一个人、每一件

---

①《中庸》。原文："君子尊德性而道问学，致广大而尽精微，极高明而道中庸。"这是《中庸》的总纲，集中体现了中庸的基本含义。

② 关尹子《八筹》。

事、每一个市场表现、每一个工作现场都能了如指掌，要精微到这种程度，才能及时地发现问题、解决问题。

人必须学会用一分为二、二合为一的辩证法看问题。任何问题都要从正反两面考虑，把两面合为一个整体来思考。比如在战争中攻山头，作为前线指挥员，要树立攻下这个山头的目标，要设计出攻山头的路线、战术，要根据敌我双方力量的对比，配备人员、配备武器等，这是进攻的方案。同时，还要设计好万一攻不上去能撤回来的方案，从哪个方向、哪条路撤退，由谁去接应掩护等，都要提前准备好。这是一个整体方案，缺一不可，宁可备而不用，不能用而不备。如果只有向上进攻的方案，没有撤退的方案，万一攻不上去就会全军覆没。如果同志们都懂得了这个道理，举一反三，对任何问题会辩证地认识，就能避免犯片面性的错误。

我们做任何事情都要把握好一个度，这个度是什么？这个度就是孔子所说的中庸。从人的性情上讲叫中和，从干每一件事情上讲叫中庸。中庸不是折“中”，而是用“中”，“中”是解决问题的最佳点，它会因物而异。就像用杠杆撬动一个重物，杠杆的支点不一定在杠杆的正中间，支点在哪儿取决于重物的重量有多大，使用的杠杆有多长，撬动这个重物的人的力量有多大。中庸是高明的智慧和方法，是易行而不可改变的理，是阴阳平衡、相融相合、不偏不倚、恰到好处、正当其中，是“不过无不及”。

要把握好“不过无不及”非常难，聪明的人若自以为是，凡事容易过；而愚蠢的人能力达不到，就容易不及。我们无论是说话还是做事一定不要过，也不要不及，过和不及都不符合中庸之道，也就是“球体核心论·人生定位之道”提出的正倒三角的联结点、矛盾之间的平衡点、阴阳之道中的物极必反。所以说，阴阳之道、中庸之道、定位之道以及辩证法，都是要求大家“不过无不及”，做到统筹兼顾，阴阳平衡。

大家处理任何事情都要慎重，找问题时要把问题一分为二，抓住主要矛盾，抓住本质；寻求解决方案时，要把方法二合为一，系统地整合思考。处理任何问题都不要留后遗症，不能把一个问题解决了，产生两个新问题，或者把一个小问题解决了，产生一个大问题。这就是没有把握好度，要么时间不对，要么机会不对，要么没有抓住问题的本质。有些问题不需要解决，因为它只是现象问题。现象问题会随着时间的推移、环境的变化而自行消失，但本质问题就必须重视，要抓住不放，不重视就可能会演变成大问题。能不能抓住主要矛盾并找到解决主要矛盾的方法，是检验我们干部水平的标准。毛主席说："研究任何过程，如果是存在着两个以上矛盾的复杂过程的话，就要用全力找出它的主要矛盾。捉住了这个主要矛盾，一切问题就迎刃而解了。"①

《中庸》说："诚者，天之道也；诚之者，人之道也。"②这就是告诉我们，心诚是上天的原则，追求心诚是做人的原则，只有天下极其心诚的人，才能发挥自己的本能。最高的心诚可以预见未来，是福可以预先知道，是祸也可以预先避免，就像《道德经》讲的"微妙玄通"，达到这样的境界，就能顺势而为。因此，要做好领导工作，必须做到心诚。心诚则灵，心诚则事成，心不诚则事不成。毛主席说："世界上怕就怕'认真'二字，共产党就最讲认真。"

---

①《毛泽东选集》(第一卷)，人民出版社1991年版，第322页。

②《中庸》。意思是：真诚是天地大道，是天地的根本规律；追求真诚，是做人的根本原则。

很多人做不成事，就是违背了“诚”的原则，不真诚、不忠诚、不坦诚。心诚是上天赋予人性的应有之义，只有心诚才会无妄，这是做好一切工作的必然条件。

中庸之道还告诉我们要学会忠恕。孔子有个学生叫曾参，他的悟性不是最好的，但却能持之以恒地研习师道，每天反思。他是孔门之学的重要继承人，被称为“宗圣”。孔子曾对曾参说：“参乎！吾道一以贯之。”曾参说：“唯。”[①]孔子走后，其他弟子问曾参：“何谓也？”曾参说：“夫子之道，忠恕而已矣。”意即老师的一贯之道就是忠恕而已。所以忠恕是仁道一以贯之的方法、准则。忠就是真心诚意地为别人着想和做有利于他人的事，恕就是推己及人，“己所不欲，勿施于人”[②]，就是不要让有害的事发生在别人身上。简言之，就是尽己之谓忠，推己之谓恕。这是人与人之间和谐相处、领导与员工之间和谐相处的最基本的道德准则。

“忠恕”之道与鲁花“先爱”文化是一致的，包

①《论语·里仁》。意思是：“曾参呀，我的学说有一个中心思想贯穿其中。”曾参说：“是。”

②《论语·颜渊》。意思是：自己不喜欢的事物，就不要强加给别人。

含两层意思：第一就是站在对方的角度考虑问题，以对待自己的态度对待别人。我们干每一件事都要想想，我自己能不能做到，自己不能做到的事情，不要强制要求别人，这样你的方法或建议才容易得到对方的支持。第二是允许“和而不同”[①]，用一颗宽容之心赢得他人的尊重和信任。当领导的不能一味要求下级复制自己的思想、自己的方法，要允许下级有自己的特性、自己的方法，只要对企业、对社会有价值的事情，就要给予鼓励，否则鲁花就会失去创新的动力。

我们一定要谦虚谨慎，不能骄傲。“满招损，谦受益”[②]，谦虚是一种美德，一种修养。一个人只有谦虚才会得到别人的尊重，才能正确地定位自己，正确地定位别人，才能凝聚人心，整合更多的社会资源，这是取得成功的重要素质。毛主席曾经说过：“虚心使人进步，骄傲使人落后。”[③]虚心就是将自己的心放空，这样才能意识到自己的不足，才能向别人学习；

---

①《论语·子路》。意思是：和睦地相处，但不随便附和。

②《尚书·大禹谟》。意思是：自满会招来损害，谦虚会得到益处。它点明了自满和谦虚的弊与利。

③《毛泽东著作主题摘录》，人民出版社1964年版，第942页。

骄傲的人会满足于现状，不思进取，听不进别人的意见和建议，自以为是，必然招致失败。

人一定要做到慎独，人最怕的就是独。独处时人最容易犯错误，要慎之又慎。人在光天化日之下，大多都能安分守己，严格自律，但如果独处之时，位高权重之时，没有人监督，没有人提醒，人的警惕心就会减弱，就容易放松对自己的要求，所以大家千万要注意：一定要自律，一定要慎独。很多受到法律制裁的人，都是在认为别人不知道的情况下犯了罪。领导干部干事一定要光明磊落，要明白君子爱财，取之有道，要合理地取得，不取无德之得。领导干部如果没有慎独的品质，就不可能管理好自己，也不可能管理好别人，因而就不可授之以权力，委之以重任。一个人能不能管理好自己，控制住自己，主要看他在没有外界约束时的自我控制能力。

市场竞争的核心就是人才竞争，鲁花从创业之初就坚持以人为本的管理理念，把人作为最宝贵的财富，就是因为“水能载舟，亦能覆舟”。而我们有些同志，不知道员工的重要性，随意地淘汰他们。鲁花文化倡导多换思想少换人，领导的能力大小体现在能否改变别人的思想和行为上。进了鲁花门就是鲁花人，既然进了鲁花的门，就不能轻易淘汰，要千方百计地感化他、教育他，让他做适合于自己的工作，让他成为合格的人才。鲁花是一个大平台，也是一所大学校，我们要用学校的方式培养人，要用军队的方式管理人，要用家庭的方式温暖人。

人一定要心胸宽广，有容乃大，心底无私天地宽。身边有一个能够时刻给你提不同意见的人，是很幸运的。因为有人监督、提醒、纠偏，才会少犯错误。

付出与回报是平衡的，自己与别人是平衡的，制度和文化是平衡的。想得到的更多，就要付出的更多。一个领导干部带领一个团队也是这样，付出的越多，越是想着别人，其实越能成就自己。这就是老子所讲“以其无私，故能成其私”①的道理。一个人总想着从世界索取什么的时候，很难成功，因为“索取”就是自私，反过来时刻想着能为社会做出奉献的时候，就会心想事成，就容易成功，这就是无私成就自我。

《道德经》曰：“反者道之动。”②就是说事物都包含有向相反方向转化的规律，愈为公愈能成其私，愈

①《道德经》第7章。意思是：正是由于他无私，反而能够成就自己。

②《道德经》第40章。

为私愈将致其败，事物发展的规律就是这样的。有些人只想着获得，不想着付出，付出的越少，回报率就越低。养一只鸡能挣多少钱，养一万只鸡能挣多少钱？养一只鸡付出的很少，得到的就很少，养一万只鸡付出的很多，回报的就多。但有些人就是不明白付出与回报之间的关系是成正比的、平衡的。

孔子讲："礼之用，和为贵。"①我们做任何事情，最终的追求不就是"和"吗？天时、地利、人和是大道。家和万事兴，国和天下平。一个家庭如果不和，就会失去爱心，就会走向破败；一个团队或单位如果不和，就会思想不统一，结党营私，失去战斗力，导致企业失败。所以，不管是一个家庭、一个团队还是一个单位，只要内部不和就会不稳定。只有合和，家才会兴旺；只有合和，企业才会发展；只有合和，国家才会繁荣。

国家天天倡导保稳定、求发展、促和谐，不管是哪级单位，只要是组织涣散，下面的人员出现"帮派"，这个领导就当不好，所以大家都要知道和谐稳定的重要性。要想实现和谐的目标，每个人必须自觉地融入家庭、融入团队、融入人心，自我约束，用包

①《论语·学而》。意思是：礼的施行，以和谐为贵。

容的心态，营造和谐的工作氛围，从而打造一支有战斗力的核心团队。有了和谐的氛围，有了一支有凝聚力的核心团队，我们就有超强的战斗力，就可以稳定持久地发展，我们的目标就一定能够实现。

作为领导干部要正确看待权力和责任。让你当领导干部，是公司赋予你的一份沉甸甸的责任，而有的人把责任等同于权力，这是非常错误的认识。管理就是服务，管理也是表率，让你当领导，是相信你能够带领大家吃上饭，能身先士卒、亲力亲为，体现自身价值；让你当领导，是相信你能够支持下级开拓创新，帮助他们实现更大的价值。大家一定不要觉得自己手里有了权力就可以为所欲为，以权谋私，就可以搞特殊化，官僚主义盛行，凌驾于别人之上。如果这样走下去，就会快速地结束自己的领导生涯。做好榜样、身先士卒、吃苦在前、享乐在后是鲁花对领导干部的基本要求。

最近，我们提出领导干部任职的三条标准：勤俭、廉洁、有思路。作为领导干部，勤就是做事尽力；俭就是寡物欲，忌挥霍，不贪占。勤俭是我们的传统美德，小到一个人、一个家庭，大到一个团队、一个企业，要想成功，要想发展，都离不开勤俭。古有家训曰："前贤教训需谨记，成由勤俭败由奢。"就是告诫我们要勤俭，不要奢侈。廉洁就是不贪腐，贪腐之所以是大恶，在于贪腐会破坏组织的肌体，降低组织的效率，弱化组织的信誉。因此，廉洁是领导干部道德修养的一条重要标准，要时刻警醒，做到贪腐行为零容忍。同时，还要有思路，能够把握事物的发展规律，立足工作实际提出具有创新性、建设性的方法或建议。

在《球体核心论·人生定位之道（一）》中，有这样一段话：按照大自然的规律，用辩证法中一分为二、二合为一、亦一亦二、一以贯之的认识方法，辩证地认识自己与别人之间的关系、领导与被领导之间的关系、企业与社会之间的关系、为公与为私之间的关系、利人与利己之间的关系、付出与回报之间的关系、成功与失败之间的关系等。意思就是把事物的两面合为一个整体来考虑，认识到对立统一的辩证性。我们看任何事情一定要看两面。一定要学会平衡，做好定位，知道哪里是中心，不要偏。失去平衡就会失去重心，失去重心就会产生矛盾，牢牢记住我们每一项工作实际都是在找平衡。平衡是基本，平衡是和谐，平衡是做好人才团队的前提。

总之，人生的价值在于为别人带来多少幸福，为国家和社会带来多大的效益，而不是为自己带来多少利益。大家一定要明白自己肩上的担子和责任，不要辜负公司寄托的期望。人只要有这种责任心，就能一切服从于自己的责任。责任大于天，责任就意味着奉献。人生活在世界上不是只为自己而生存，也是为父母、儿女、他人、企业，为整个国家和社会大众而生存。我们要满怀激情，做一个无私奉献的人，做一个道德高尚的人，做一个敢于担当责任的人，这样才是真正的明道。明道就会多德，行道就会有如神助，人生理想就容易实现。

学习易经思维　用易理指导工作*

这几年我们致力于学习研究规律、道德，认识到“道”的大门不是那么容易进的，因为“道”是很深奥的，我们能做到明道、入道已经很了不起了。《易经》的思维本质上就是变化的思维、转换的思维、从有形悟无形的思维。鲁花文化与这些易理一脉相通，运用之妙，存乎一心。大家可以从三个方面理解《易经》：一是变易，万事万物都是永恒变化的；二是简易，任何变化都是有规律可循的；三是不易，指规律是不变的，本质是不变的。

现在社会上有许多人走了不少弯路，包括一些具有天赋的人，终其一生碌碌无为，有的甚至做出了骇

---

* 本文是根据作者2016年3月3日在鲁花集团第66期企业文化培训班上的讲话修改而成。

人听闻的坏事，这都是由于不明易道所导致的。这些年鲁花取得了令人瞩目的发展成就。之所以有这样的成果，是因为我们找到了一条成功之路，这条成功的路就蕴含在鲁花的企业道德文化中。

《易经》为群经之始，大道之源。《易经》的奥妙就在于“推天道以明人事”①，运用大自然的规律，把握人类社会发展的规律。现在我们已经进入了“道”的大门，但大家不要认为今天入门了，就已经得道了。学道、悟道、用道是一个长期的过程，是终身的修行。《道德经》第十六章有一句话：“天乃道，道乃久，没身不殆。”意思就是说顺乎自然就能符合大道，符合“道”就能长久，终身可免于危险。现在我们明道了就能够避开陷阱，少走弯路，但这只能表明我们有防危之力了，“道”并不是仅仅教给我们有防危之力就可以了，还得有应变还手之功。这就是我们提出来的“不于与人竞争，敢于与无人竞争”。要达到这种境界，去追求更宏伟的目标，就需要更高的智慧，这种更高的智慧就隐含在曾仕强教授所著的《易

---

①《四库全书》。原文：“易之为书，推天道以明人事者也。”意思是：易学这类书是干什么的呢？一言以蔽之，就是通过探索推演大自然运行变化的客观规律，让人明白人类社会发展和个人生存变化的规律。

经的奥秘》这本书中。我们平时在工作之余，或者遇到什么困难的时候，翻开这本书看一看、查一查，它能帮你解疑释惑，开悟增智。

我们学习《易经》，不是学习占卜算卦，而是要学会《易经》的思维，用易理来分析人生、调整人生。这个易理在哪里？就在《易经的奥秘》里，当然这本书不是着眼《易经》的全局泛泛而谈，而是有针对性地解读，所以我们就得举一反三，就得有悟性。书里讲一我们就得考虑到二三四五，我们在学习时要学会用发散思维展开思考，结合到我们工作和生活的经验中去，能够有目的、有主题地思考，这样就容易找到各种问题的答案，收获就会更大。学习《易经》，有几处重点我强调一下，希望大家对这些重点内容要多重视，多参悟。

第一点是阴阳之道。打开《易经的奥秘》这本书，一开始就讲“何为易经”“何为阴阳”“何为太极”，都是讲阴阳的。为什么要花这么多的篇幅讲阴阳？因为“一阴一阳之谓道”。我们要想了解自然，了解人类自己，就要从了解阴阳开始。《易经》讲“孤阴不生，独阳不长”①，阴中有阳，阳中有阴，阴

①《黄帝内经》。意思是：阴阳二者是相互依傍、存亡与共的，如果单独的有阴无阳，或者有阳无阴，则一切都归于静止寂灭了。

阳是相对的、互动的、合一的。天底下的变化都是阴阳的变化，阴可以变阳，阳可以变阴。一阴一阳很容易被误解为一个阴，一个阳。究竟一阴一阳是个什么样子，按照《易经》的思维就是“惟恍惟惚”[①]，说是阴也有阳，是阳也有阴，亦阴亦阳；你说动也不动，不动也动，亦动亦不动；你说是一也是二，是二也是一，亦一亦二。我们学习《易经》就是要明白任何事物有阴就有阳，有虚就有实，有真就有假，有看得见的就有看不见的。只要能在认识上做到亦阴亦阳，通盘考虑，就不会走极端。遇到好的事情，大家就知道有坏的一面存在；取得成功的时候，就能想到有失败的一面存在。大家必须要学会用一分为二、二合为一、亦一亦二、一以贯之的辩证思维看问题，任何问题都要把两面合为一个整体来思考，这样就能避免片面性。

要知道世界的万事万物都是相对的，没有绝对的东西，在任何时候我们都要用发展的眼光看待事物，用创新的逻辑应对变化。在顺利的时候看到可能存在的隐患，在挫折的时候也要看到可能存在的机遇。认

①《道德经》第21章。原文：“道之为物，惟恍惟惚。”意思是：道的形象，是恍恍惚惚的。

识到任何事情都存在阴阳、对错、成败、长短等相对辩证的关系时，就会思虑周全，达到平衡。

现在大家虽然对“一阴一阳之谓道”“阴阳对立统一”等语句能够朗朗上口，但真正要在实践中会应用，不是那么容易的。易经思维需要长时间的修炼，就好像我们使用筷子一样，虽然理论上两只手都可以用，但是到了用的时候往往只是一只手会用，另一只手就不会用。什么时候修炼得两只手平衡了，都会用了，那才是真正地会用。否则说得明白，到了做的时候，就容易偏，偏了就不平衡了。老子讲“道法自然”[①]。自然不会维持现状，而是日新又新，创造又创造。当你能站得高、看得远、看得深、看得透、看得全的时候，就会循环往复而生生不息。

现在大家还达不到这种水平，我们的眼睛有时还是钝的，要高度还看得不够高，要微小有些东西我们还看不见，所以必须提高水平，做到别人看不见的东西你能发现。用什么来发现？用阴阳辩证的思维，从一阴一阳的动态中找规律。就像木匠一样，不是当师傅的讲讲，徒弟就能做出一个好的作品来。比如做桌

①《道德经》第25章。原文：“人法地，地法天，天法道，道法自然。”意思是：人取法地，地取法天，天取法道，道纯任自然。

子，需要天天做、年年做，有了基本功，做出来的桌子才可能是高质量的。细功夫就在你的经验里，这个道不是讲出来的，而是在学习实践中悟出来的。

第二点是目标定位。《易经》的八卦图告诉我们，人生最重要的就是定位。我们做任何事情都要把握三点：定位、目标、方向。目标、方向的正确远远比速度更重要。当目标定位正确了，我们就会沿着正确的方向前进，如果目标定位错了，后面的一切都会错，所以做错事都是从根本上错了，这个根本就是定位。我们做任何事情，首先想到我要做一个什么样的人。如果立志做一个为人民服务的人，那你就会时时处处去想做为人民服务的事情。一个优秀的管理者到了新岗位首先要定好位，知道自己应该做什么，其次要知道守住自己的本分，然后才是不断地改进自己，使自己越做越好，向最好的方向和目标努力！

鲁花能够走到今天，就是因为目标定位正确。我们提出的“爱己先爱人，做事先做人”的定位非常正确，提出的“爱心是鲁花的向心凝聚力，创新是鲁花的发展提升力”的定位非常正确，包括我们提出的“有自己必须有别人，有别人才能有自己”，就是自己对他人的正确定位。世界万事万物的发展都是由两方面组成的，只有两面合一才能生生不息，这是大自然的规律。大部分人认为这种定位中的自己就是指个人，实际是错误的。当你说自己的时候，一定包括他人在内；当你说天的时候，一定包括地。天地是合一的，对错是合一的，成功与失败是合一的，自己和他人是合一的，所以一定要从正反两面辩证地、全面地做好人生定位，实现人生目标。

第三点是不变与变。《易经》最早叫“变经”，揭示的是自然与人类社会变化的基本规律。变中有不变，不变中有变；不变的是原则，变的是现象，变的背后一定有不变的常则。我们所能看到的东西是非常有限的，很多事物我们根本看不见。真相很难看得见，假象就是那些变来变去的东西，而真相是本体，是实质，它内藏于事物之中。所以不变与变两者是一体的，是同时存在的，站在不变的立场来变才不会乱变。

我们学习易经思维，就是让大家知道哪些不应该变，哪些应该变。变的规则是什么？答案就是“权不离经、权不损人、权不多用”[①]。权就是变通，经就是原则，就是道德。“权不离经”就是我们在工作中必

① 曾仕强：《易经的奥秘》，陕西师范大学出版社2009年版，第88页。

须用原则来约束自己的行为，所有的变通都不能背离道德，不能超越我们的规矩，这样才不会乱变。“权不损人”就是我们在做事情需要变通的时候，不能损害他人的权益，损害他人是不公平的。“权不多用”就是偶尔有变化可以，但如果经常变，甚至连根本都改变了，那是最可怕的。做人做事要确立根本，根本坚实了，就可以立于不败之地，所以我们的各类规章制度不能无原则随意地变，如果今天变明天变，让大家无所适从，就表示自己不成熟，这种变的结果只会是凶。

第四点是物极必反。物极必反是《易经》中的一个重要概念，就是告诉我们事物发展到极点，往往是会向相反方向转化的。阴中有阳，阳中有阴，阳极就成阴，阴极就成阳，它是同一个东西在不停地变化。比如坤卦到了第六爻，就开始要变成乾了，就是柔到极致变成刚了。同样当乾卦走到极点，就会走向坤卦。事物一旦发展到极致，就开始反向发展了。这就要求我们时时处处都要把握好一个度，每一步都要做到恰到好处。要想把握好这个度是非常难的，稍微放纵就过了，稍微收敛就达不到。这就必须做到不偏不倚，恰到好处，不过无不及。《易经》中每个卦都有六个爻，我们可以把这六个爻看成做事的六个阶段，然后一个阶段一个阶段地去调整。人也应该把自己的一生分成六个阶段，根据这六个阶段的不同情况去调整，这是《易经》对我们最大的功用。《易经》告诉我们：每一爻怎么走，要做好阶段性的调整，就可以趋吉避凶，否则就会物极必反。

第五点是家和万事兴。《易经》把宇宙看成一个大家庭，天就是父，地就是母。中国人是非常重视家庭的，而中国人浓厚的家庭观念，则是来源于《易经》。一个家庭最重要的是家教，是家风，是家传的一些不可改变的原则。鲁花道德文化实际就是家文化，就是鲁花的家风。这方面大家好好参悟一下家人卦，风火家人，上卦是风，下卦是火。上面的风刮得越猛，底下的火就越旺，表示家和万事兴。领导干部在上面做好表率，按照家风去做人做事，下面的员工就会自觉地向领导看齐，这就是上行下效。我们天天跟团队打交道，在这种情况下，大家就要上下同欲，齐心合力，以合为大，和气生财。当领导的要为员工树立榜样，规规矩矩以身作则，传承良好家风，我们就会家道兴隆，以化成天下。《易经》是讲化的，大事化小，小事化了；《易经》是讲合的，所有的分都是为了合。所以我常告诉大家，合和之道乃长治久生之道，合分之道乃生死存亡之道。家人卦实际上是教给我们怎样与人相融相合，怎样做好团队。

我们讲定乾坤，乾就是天，就是父；坤就是地，就是母。天主管气和道，地主管形和德。人的禀赋、运气、体魄、寿命等都是由天地共同决定的。在天为气和道，凝成人就成为形和德，因此每个人都是道和德的统一体。道和德缺一不可，如果没有德，道就无法显现。一个人没有道德就是一无所有，有了道德就能蓄聚能量。老子在《道德经》中说："道生之，德蓄之。"[①]就是告诉我们有了德，人才能被蓄养而不断壮大起来。所谓"范围天地之化而不过，曲成万物而不遗"，就是指道德滋养万事万物而不会有所遗漏。没有德，你靠什么来支撑养护你的全家？你靠什么在社会上行事？如果说"道"是能力的话，这种能力要依靠你的德才能够发挥出来。

与德相关的是才，才就是创造力，是成德的工具。《资治通鉴》中言："德胜才谓之君子，才胜德

①《道德经》第51章。原文："道生之，德畜之，物形之，势成之。"意思是：道生成万物，德蓄养万物，给万物以物体的形态，成就万物特定的器用。

谓之小人。”[1]君子与小人是不一样的，君子挟才以为善，小人挟才以为恶。鲁花对人才的定位是德才兼备，以德为先。在日常工作生活中，大家一定要注重自己的德行，表现出良好的人品公德，否则你的才气越大，大家反而越疏远你，你就做不好。当你有了公德以后，会用爱心凝聚人心，大家就拥护你了，你这个总经理、厂长就好做了。德是为人之根本，品德好的人，大家都称赞，这就已经成功一半了，所以我们的品德永远不能变，对此大家需要很好地把握。

第六点是吉凶悔吝。这是无奈的必然律，人从小到大都很难挣脱这个必然律。人在逆境之中会谨言慎行，一步一个脚印地向前发展；但在顺利的时候往往容易麻痹大意，说话做事就会随便，无意中会放纵自己，放纵自己就会说错话、做错事，凶就会随之而来。吉凶悔吝的规律告诉我们，不是遇到吉就单纯考虑这个吉，遇到凶就单纯考虑这个凶；而是教给我们面对人生必然律的时候，要从悔开始。凡事把悔放在前面，做任何一件事都得提前想到，干了以后会不会后悔，会不会引发出后悔的事来，预先考虑事情后果

① 意思是：道德胜过才干，就是君子；才干胜过道德，就是小人。道德是第一位的,才干是第二位的。

就是具有忧患意识。要想趋吉避凶，防患于未然，就要跳出吉凶悔吝的必然律，做到有悔在先。取得成绩的时候，不能得意忘形，要尊重别人；获得财富的时候，不能丢了勤俭节约的好传统，要想着利人为公。一切都要兼顾，想到自己更要想到别人；想到成功也要预料到失败；想想前面，更要想想后面，前事不忘，后事之师。一个人如果能时刻做到谦虚谨慎、小心翼翼、稳中求进，就会永远保持不败。

第七点是履霜坚冰至。学习了《易经》，我们就会明白，很多事情都是“履霜坚冰至”。就是说当我们的脚踩到霜时，就要想到坚冰将至，从而做好抗寒准备，不然到时候来不及。这也提醒我们既要防微杜渐，又要见微知著。任何事物在发展变化时都会表现出一些征兆，如果这个征兆大家看不出来，缺乏高度的警觉性，就容易今天出这个事，明天出那个事。等出了问题再去解决的时候，问题就复杂了，所以要保持如履薄冰的心态，保持高度的敏感性和警觉性，不能麻痹大意，这样才能对细微的变化有所洞察，防患于未然。

我们的干部经常在市场里转，和很多人交往，通过一顿饭、几句话，就应该发现这个人具有哪些优点，存在什么问题。领导干部如果眼睛很钝的话，在市场里转、在工厂里看，不会按道的规律发现问题。今天发现不了问题，明天还发现不了，以后你的部属犯了错误，责任在谁身上？还是在你这个领导身上，因为你没有及时发现他的问题，没有及时帮他解决问题。很多事情不是一朝一夕偶然发生的，它是由来已久积攒而成的，所以我们一定要有这种敏锐的观察力，用道来观察一般人发现不了的问题，把问题解决在萌芽状态。如果你能见微知变，及时警醒，提前防范，就不会犯大错误。

第八点是生生不息。“道”是讲生的，因为阴阳是不会分开的，一定是同时存在、相互作用的，这样才能生生不息。只有生生不息才能称之为“道”。我们的企业长期以来尊道贵德，现在已经达到了能够生生不息的阶段。只要大家入道了，就应该说是会生了，如果不会生①，就不能算是入道。从哪里生？先从讲话里生，就是有话可讲了。曾仕强教授不管是点评三国，还是点评胡雪岩、曾国藩等，他的知识面非常广，对历史人物的功与过、是与非、得与失，哪是现象，哪是本质，他的点评都非常到位、非常准确。如

① 这里的“生”，意思是“生生不息”。

果大家也能够达到这种水平，对一些事情也能够相互点评，会用“道”去点评一些案例，能点到本质上，能够让大家心悦诚服，如果再能够用“道”来指导实践活动，这样大家跟着你就会受益。

《易经》里面所讲的吉凶完全是以是否顺乎自然为标准，吉就是顺乎自然，凶就是不顺乎自然。我们判断是非时就应该知道：凡是合乎自然的一定是对的，就算眼下看起来不对，但终究是对的。我们的道德文化学习教材为什么叫《鲁花生生之道》？我们讲人生定位之道、阴阳相生之道、资源整合之道等，都顺乎了天地自然之道。爱心与创新阴阳相生，付出与回报相对平衡，所以鲁花的发展符合自然规律和社会规律。如果大家都能够掌握并运用鲁花道德文化做人做事，我相信每个人都会做到生生不息。

学习《易经》最重要的就是要懂得:《易经》的奥妙就在于运用大自然的规律，融会贯通地掌握人类社会发展的规律；知道任何事物都会同时存在两个方面，阴中有阳，阳中有阴，而且阴阳是互相转化的。一个人如果能够按照易经的思维，把两面合在一起想，就会慢慢得到正确的观念，从而做到统筹兼顾。古圣先贤讲道是一层一层的，我们悟道也得是一层一层的。悟道需日积月累，层层递进，不管悟得多深都还有更深的东西，悟得浅的也不要自卑，悟得浅你也会受益，悟得深你会受大益。只要按照易理去做，一切事情都会成功。

现在我们要掀起学习研究道德文化的热潮，要把《易经》《道德经》作为道德文化学习教材，每年在干部员工中进行轮流培训学习。每天早晨要加强对《鲁花生生之道》道德文化的学习。在《易经》《道德经》中，有许多精彩的章节和语句，包含着人生的智慧，我们把它汇编成册供大家学习，这对于领悟易经思维、把握易理有很大的益处。每一名领导干部都应该高度重视，用心学习。

最后，我们真可以说：谢天谢地，不忘祖先，敬偎圣贤。也谢谢同志们的努力，取得了这么好的学习成绩。我相信，我们的道德文化学习一定能够转化成更大的发展力量，我们必将获取更大的业绩，取得更大的胜利。

辩证法是解决问题的金钥匙*

辩证法是关于自然、人类社会和思维发展的最一般规律的科学，是我们应对复杂环境解决问题的金钥匙。世界的万事万物都是由阴阳两面组成的，都有主次矛盾之分。要干好一件事情，我们必须抓住主要的一面。主要的一面是什么？就是根本。古人曰："末流之竭，当穷其源；枝叶之枯，必在根本。"①根本就是本质，其余的都是现象。无论干任何事情首先要找到它的根本在什么地方，把根本上的问题解决了，问题才能真正得到解决。

---

* 本文是根据作者2016年6月3日与企业文化办公室同志的谈话修改而成。

①《草木子·杂俎篇》。意思是：水流最后衰竭的原因，是因为水的源头没有了；树木的枝叶发生了枯萎，肯定是树根出现了问题。凡事应从根本上找原因。

《大学》中有句话："物有本末，事有终始，知所先后，则近道矣！"[①]意思就是能够明白事物的本末、终始的先后次序，就接近于道了。为什么不说始终而说终始呢？老子在《道德经》中讲："为之于未有，治之于未乱。"始为有，终为无，凡事要从无着手，在事情没有发生之前就把事情想到了、预防了，这就叫终，就是无；假如等事情发生了再盲目地解决现象问题，不去找根本，盲目地依据现象而妄下结论，这就叫舍本逐末。因此，要通达事理，就必定要明白事理的主次和先后，透过表象抓根本，通过主体抓关键。世界上的万事万物都是主和次、本质和现象的对立统一，只要抓住了本质的一面，洞察其内在的规律，任何难题都能迎刃而解，抓不住本质，就什么也抓不着，更不要说解决问题了。什么是形而上？什么是形而下？形而上是指天道部分，眼睛看不见的部分，它是不变的，是"无"，是规律。形而下是指具体的、具象的事物，是眼睛看得见的部分，是"有"，是多变的。我们必须找到天道这一部分，也就是规律的部分。天道这一部分看不见、听不到、摸不着，只可意会，不可言传，全靠人们自己用心去

①《大学》第1章。

感悟。就像地下的树根一样，只能靠我们的想象，而不能从地面上看到地下的根是什么样子。道大于形者智，形大于道者迂，我们遇到的每一件事情，都有本质和现象之分。如果被现象弄得眼花缭乱，就会“眉毛胡子一把抓”，让自己手忙脚乱却解决不了根本问题。只有抓住本质、规律，问题才能得到根本解决。

本质和现象是一阴一阳，是两个东西亦是一个东西，是一体两面。只要明白了本质和现象是一体两面，我们在分析问题、解决问题时就应该从本质入手，而不是从现象入手。就好像阴和阳，要从阴入手，而不能从阳入手。阴阳之道就是教给我们要辩证地认识事物，抓住事物的本质。本质是阴，是规律，是不变的；现象是阳，是变化多端的万事万物，很难抓住。你把本质问题抓住了，解决了本质问题，现象的东西自然而然就解决了。透过现象抓本质不是一件容易的事，需要不断地实践和钻研，我们每一位干部必须不断提升这一能力。

为什么有的人做事容易成功，而有的人不容易成功？不成功的原因就是在分析问题、解决问题时，主次不清，先后不明，抓不住事物的本质，不会用一分为二、二合为一的方法，以公与私的关系为例，公是本质，是无形的，看不见摸不着，是阴；私是现象，是有形的，看得见摸得着，是阳。我们是为公还是为私？当然是要为公。因为为公就是抓住了本质，抓住了本质也就抓住了现象。公与私就好比手心和手背，是一体两面、不能分离的。公成了，私能不成吗？所以古圣先贤都追求利人为公，在为公中实现自己的利益和价值。包括毛主席提出的“为人民服务”的思想，领导人民翻身得解放，受到了人民的衷心拥护和爱戴。

鲁花战略经营之道：追求一个大目标——提高人类生命质量；贯彻一个大纲领——传承爱心创新文化；服务一个大上帝——保证消费者都满意；发展一个大同盟——带动农民增收致富；抓住一个大根本——创立企业美好信誉；夯实一个大基础——严格产品质量管理。这六句话都是要求我们利人为公，没有一句是损人利己的。

我们在“利人为公”的思想指导下，生产出高品质的花生油、酱油、料酒等，带动了农民增收致富，提高了消费者的生活质量，产品供不应求，公司生意兴隆，经济效益就好。比如我们的调味品中心，每天都想着怎样才能让消费者吃上口味最好的酱油，所以不断加大科技创新力度，成功研发了高品质的鲁花全黑豆酱油和自然鲜酱香酱油。大家都觉得我们的酱油好吃，产品销量就大了，企业就红火了，这就是“以其无私，故能成其私”的道理。

邓小平提出科学技术是第一生产力。多少年来我们一直追求科技创新，十几年前就提出了“爱心是鲁花的向心凝聚力，创新是鲁花的发展提升力”。我们为什么倡导要有爱心、要有创新呢？因为爱心是创新的动力和源泉，创新是爱心的结果和体现。鲁花的创新不是为了自己，是为了消费者，为了中国种花生的农民。鲁花通过持续不断地创新，取得了阶段性的创新成果，获得“国家科学技术进步奖”。企业得到快速发展，员工也享受到了创新红利。因此，鲁花的创新是建立在为社会提供更好产品的基础上的，鲁花能获得多大成功，取决于消费者对我们有多大的满意度。懂得这个道理后，我们就知道什么是本质，什么是现象，应该先抓什么。凡事都要举一反三，围绕这个思路去思考，做事情就会成功。

经过三十多年的实践，我深深地领悟到：正确的价值观是人生成功的指南针；辩证法是解决问题的金钥匙。如果价值观错了，就会出现南辕北辙的糟糕局面，方法越多，失败得就会越快；如果价值观对了，却不懂辩证法，不知道主次先后，做事就会事倍功半。因此，价值观与辩证法两手都要抓，两手都要硬，缺一不可。我在“球体核心论·人生定位之道”中提出：第一步就是人要树立正确的价值观和崇高的目标定位，就是正三角的顶点。第二步要正确对待自己，正确对待他人，一分为二，二合为一，就是正倒三角的一体化，就是对立统一的辩证法。第三步要融入团队，形成球体，做成核心，整合社会资源。这三步用老子的话来讲，就是“道生一，一生二，二生三，三生万物”。“一”就是正确的价值观；“二”就是正倒三角的对立统一；“三”就是自己与他人兼顾并重，实现物我共荣。

鲁花的核心价值观是“明道多德、利人为公、先爱他人、以德取得”。这个价值观符合天道，是鲁花人的成功之道。正确的价值观保证了我们沿着正确的方向前进。学会辩证法，就能懂得有无相生、人我共存的道理，就能够全面地看待问题，抓住解决问题的根本。辩证法告诉我们：我们强调利人为公，实际上为公和为私是对立统一的，是相互转化的，只要为公必能成其私，而且由利人为公转化来的这个私，才是真正牢固的、安全的。如果不择手段地用个人贪欲之心去刻意地追求这个私，就会脱离公这个本体，这个私也不会得到，这就是老子讲的“反者道之动”。所以私利是以公利为基础的，个人是以集体为依托的。离开了公利和集体，私利和个体就很难确立。如果你看不到二者相互依赖的并存关系，越是追求私利，就越会适得其反。

老子的著作之所以叫《道德经》，揭示的就是道和德、整体与局部的对立统一。道离了德就不是道了，叫无道。不合于道的“德”就是无德。德需要道的统领；而道又需要德来体现。如果你这个辩证法不具有德性，就是不合于道，就变成魔了。古语曰：“魔高一尺，道高一丈。”所以道德的力量是无限的。辩证法分为两种：一种是具有德性的辩证法，另一种是不具有德性的辩证法。一个会变成道，另一个会变成魔。道是自然规律，承载着德性，是以人民心为心的变化，循道而行，就能成德，就能福泽天下。但魔是反的，缺少道德的指引，是以自我为中心的变化，与道背道而驰，方法越多，造成的危害就越大，失败得就越快。所以没有正确价值观的指引，越努力，离目标越远。

因此，凡事我们要利人为公，行善积德，知所先后，顺其自然。想一想什么才是根本，怎样才能抓住根本。如果在根本上错了，造成的后果就很难挽回；只要根本上不错，后面一些不利的、不好的现象，会慢慢消失。明白这个道理是非常重要的。这就是认识问题、解决问题的辩证法，掌握并运用辩证法解决问题，就会事半功倍。

鲁花的企业道德文化与中华优秀传统文化是完全吻合的。我们学习优秀传统文化的根本意义在于净化自己的心灵。我们的心灵得到了净化，就会懂得正确定位，就会懂得是非对错，懂得本末终始。我们学习传统文化的目的就是修心。修心修什么？就是按照天之道、圣人之道来修。天之道就是“利而不害”，圣人之道就是“为而不争”。利而不害，就是心存善念，做有利于他人的事情，不伤害他人。这样做，不一定马上就能获得物质上的回报，但是，正如老子所说：“天道无亲，常与善人。”你不断地付出爱心，贡献价值，就成为了一种正能量，能够感化和凝聚越来越多的人，他们会给你带来更多的智慧、更多的合作、更多的机会、更多的资源，这些都在无形之中潜移默化地改变着你的生命轨迹，一步一步引导你走向更美好的未来。为而不争,“为”是指要干事情,要按照客观规律干事情,要努力把事情干到最好;“为”还指人要学习,要提升自己,要努力做好自己。“不争”首先是不与道争,做事情不要把自己的主观意愿强加进去,要顺道而为;“不争”也是“不于与人竞争”,包括不与竞争对手争,做好事情,做好自己,利他利民利社会,坦然接受一切结果。没有好的“为”,哪有好的“果”,好的结果不是争来的。

把自己修炼到这种程度,就会达到行善积德、利人为公和为人民服务的境界。只要个人的道德价值观和天道一致了,就可以做到天人合一,就可以用辩证法分析问题,解决问题,就会无往而不胜。如果价值观不能和天道一致,不具备天下为公心和为人民服务的心,那么再好的辩证法也只能让一切迅速地走向事物发展的反面,人生目标永远无法实现。

对于《道德经》《矛盾论》乃至《易经》,我们只要多学几遍,就能悟懂辩证法。学了以后仔细琢磨,看的遍数多了,就可以上下连贯起来思考。如果孤立地一句一句地阅读和思考,就难以悟出新的东西来。如果把几十句综合起来思考,就会恍然大悟,就会明白更深层次的道理。看圣贤书要“优游涵泳”①，不能只看一遍，只看一遍什么也悟不出来。譬如《三国演义》，看的遍数多了，就可以把整个历史事件、人物行事风格综合起来思考，就会悟出人生成败的规律，养成辩证的思维定式和全面看问题的方法等。时间长了，感悟多了，思想就会产生定力。人在不成熟的时候是没有定力的、飘摇的，今天这么认识，明天那么认识。我们学习一切知识都是为了增加定力，心定了就能在市场的风雨中立得住，心定了就不会朝三暮四。人就怕朝三暮四，今天觉得这样是对的，到明天又感觉那样是对的。假如你有定力了，心定则意定，就会信念坚定，不被假象迷惑，不为名利动心，所有的行为都会顺着这个信念、符合这个信念。《大学》里说：“知止而后有定，定而后能静，静而后能安，安而后能虑，虑而后能得。”②知止就是定力，定力的提升就会成为定势，定势的力量是势不可挡的，做一切事情都要顺势而上。要知道世界的万事万物都是由

①《论语·为政》。意思是：从容求索，深入体会。

②《大学》第1章。意思是：知道应达到的境界才能够志向坚定，志向坚定才能够沉静，沉静才能够心神安定，心神安定才能够思虑周详，思虑周详才能够有所收获。

势而成之的。多少年来，我们所有的追求都是需要定力的，只要看准了就锲而不舍，矢志不移，几十年如一日，形成定势，使我们长期立于不败之地。

鲁花发展到今天，企业道德文化已经统领集团公司全局，融入鲁花人的血脉，成为鲁花人的精神支柱。我们的企业文化内容在不断完善，但价值观的方向是不变的，对辩证法的应用也是如一的。我们学习古圣先贤文化，他们论述的全部都是规律、道德和辩证法，是人生的正能量、真智慧。这些正能量、真智慧就是我们做人的根本，是我们成长的基石，对人生和事业的成功起着决定性作用。辩证法是高深哲学，学好辩证法，就会终生受益。

正确把握不变与变的规律*

我通过不断地思考《易经》智慧中阴阳变化的规律，发现其中不变与变的法则博大精深。《易经》曰："一阖一辟谓之变，往来不穷谓之通。"① 到底什么要不变，什么要变？如何在工作中正确把握？我相信如果大家能够正确掌握不变与变的规律，在不变中利用变化的力量，在变化中把握不变的主线，不应该变的一定不能变，应该变的一定要变，就会避免危机的发生。

纵观中国近代发展史，社会的每一次兴衰起伏，都与能不能正确把握不变与变的规律相关。在十八世

---

* 本文是根据作者2014年4月7日在市场营销中心工作会议上的讲话修改而成。

①《易经·系辞上》。意思是：一关一开之间，卦就变了，就出现了所谓的变卦。说明天地万物随时随地都在变化之中。进退往来是一个无穷的过程。只有往来不穷，才能使世界不断发展，不断发展即通。

纪中期，西方国家进入工业革命后，科学技术发展突飞猛进，新技术、新发明层出不穷，促进了经济的快速发展，使西方国家的综合国力大大增强。然而当时的清朝乾隆皇帝自信清朝的强大，没有实行开放的国策，闭关锁国、故步自封、妄自尊大，不学习西方国家的长处，不提倡国家创造发明，不引进西方先进技术，应该变的不变，致使中国科技和经济此后远远落后于西方，最终沦为西方列强争抢的殖民地，中国社会沦落为半殖民地半封建社会。新中国成立后，特别是20世纪70年代末实行改革开放的国策后，中国经济发生了天翻地覆的变化，综合国力增强，人民生活得到了极大的改善，中国经济走在了世界的前列，应该变的变了。但遗憾的是，发展的同时却忽视了精神道德建设，不应该变的也变了，导致部分人的思想道德滑坡，价值观错位，贪污腐败时有发生。这是中国经济在发展进程中存在的问题。所以，邓小平提出了“两手抓，两手都要硬”的观点。

现在，习近平总书记英明地提出了“培育和弘扬社会主义核心价值观”、[①]“坚持全心全意为人民服务的

① 中共中央文献研究室编：《习近平关于社会主义文化建设论述摘编》，中央文献出版社2017年版，第109页。

根本宗旨”[①]，以及“科技是国家强盛之基，创新是民族进步之魂”[②]。这两句话道出了一个不变与一个变的战略思想，此乃人民之大幸，中国之大幸。所以，我们必须正确认识不变与变的规律，辩证地把握不变与变的平衡。如果顾此失彼，忽视其中的任何一方面，都可能导致一个国家或企业的衰亡。

《道德经》中老子曰：“我有三宝，持而保之。一曰慈，二曰俭，三曰不敢为天下先。”[③]这是老子三个不变的法则，也是我们做人、做事、做企业应坚守的不变原则。“慈”是告诉大家要有爱心，要仁厚慈善、乐于奉献、先爱他人、利人为公，对人对事要有感恩心、恭敬心、天下为公心、为人民服务心，这是一种无私的大爱。“俭”就是节俭，就是告诉大家一定不要浪费钱财、浪费资源、浪费时间，要杜绝奢侈腐化。生活上要和大家同吃同住、节俭朴素、艰苦奋斗；工作上要以身作则、少说多做、率先垂范。“不敢为天下先”不是不为天下先，而是不妄为争先，要

① 习近平：《在庆祝中国共产党成立95周年大会上的讲话》，人民出版社2016年版，第18页。

② 习近平：《在中国科学院第十七次院士大会、中国工程院第十二次院士大会上的讲话》，人民出版社2014年版，第3页。

③《道德经》第67章。

审时度势，顺势争先，站在不争先的立场上争先，做到“不于与人竞争，敢于与无人竞争”。在为人处事方面要谦恭谨慎，不逞强、不逞能、不肆为。做人做事要虚心，绝不能胆大妄为、自高自大。我们要做到事上花常开，心中花不开。老子曰：“慈，故能勇；俭，故能广；不敢为天下先，故能成器长。今舍慈且勇；舍俭且广；舍后且先；死矣！夫慈，以战则胜，以守则固。天将救之，以慈卫之。”①这段话包含了高深的辩证哲理，就是告诉我们光有“勇”没有“慈”就容易为所欲为，光有“慈”没有“勇”就容易因循守旧；只有“广”没有“俭”就容易奢侈浪费，只有“俭”没有“广”就不能利人为公；不知道处后而盲目争先就会逞强施威，一味处后而不争先就会自甘平庸。所以不变与变是相对的、辩证的，任何时候都不能固守一面，舍弃另一面。“慈”是本质，慈爱最有力量，攻战能胜，据守能固。天将救助谁，要让谁成功，就会赋予他心地柔慈，德性仁厚，慈爱就会保护他。

作为企业，什么要不变，什么要变？在不变与变之间，首先要把握不变的东西，否则就会失去根本，走向失败。产业报国、先爱他人、利人为公、以德取

---

①《道德经》第67章。

得、为人民服务，这些核心理念是鲁花的立业之本、发展之基，这些基本原则不能变。

“产业报国”体现了中国传统文化的“忠”。“忠”的本质就是报答，鲁花人始终以热爱祖国、忠于国家、忠于民族、造福社会为己任。“先爱他人”就是要关爱天下民众，做任何事情都要首先体现对天下民众的慈爱，要抱着先爱的思想去关心人、帮助人，将心比心、推己及人。“利人为公”就是做任何事情都要有利于他人、有利于民众，都要体现为了国家、为了民族、为了社会这个出发点。大家都在人群中生活，只有利人的人、利人的企业，才能受到欢迎、获得支持，所以我们要发自内心、无私地利人，要满怀喜悦、自然而然地利人。只要是不利于国家、不方便别人的事，绝对不要去做，这是做人的基本准则。为公要求大家不要损人利己，要努力践行社会公德，做事要公平、公正、公开，要从群众中来，到群众中去，不搞特殊化，不摆官架子，不脱离群众。“以德取得”就是君子爱财，取之有道。鲁花人通过践行道义、遵守公德，通过坚守正道、规范经营，光明正大地赚钱，通过把农民和消费者当成上帝，研发出高品质、有益于健康的产品，让消费者得到实惠，从而赢得市场。我们要合理地取得，不走歪门邪道，不染贪污腐败，不发不义之财，不取无德之得。这些都是我们鲁花人永远不能变的基本原则。老子曰："不知常，妄作，凶。"[①]"常"就是常道，是自然规则。就是说，假若不能坚守这些基本原则，胡改乱变，就会凶祸不断，必然走向失败。

那么，什么要变？方法要变，思路要变，要随机应变，要用不同的创新方法和思路来发现问题、解决问题，要坚持不懈、锲而不舍、梦寐以求地想创新，这个创新就是变。如果停止创新始终不变，大家都没有创新的思路、创新的激情、创新的方法，企业没有创新的产品、创新的制度，个人还怎么进步？企业还怎么发展？但创新一定要有不变的常道作基础，以不变应万变，万变不离其宗。这个宗就是常，就是继承，就是道德，就是正确的价值观，所以我们提出的"爱心是鲁花的向心凝聚力"中的"爱心"是不变的，"创新是鲁花的发展提升力"中的"创新"是可变的。成功者，目标不变方法常变；失败者，方法不变目标常变。

作为领导干部要很好地认识和掌握不变与变的规律。过去毛主席讲世界观和方法论，其实就是讲不变与变的关系。不变的是正确的世界观、人生观、价

①《道德经》第16章。

值观。变化的是方法，方法一定要因地制宜，不断地变化，不断地在继承中创新。在战场上没有固定不变的战术，在市场营销上同样也没有固定的模式，要不断地探索，不断地尝试，与时俱进。只要大家在市场中能够用心学习，向同事学习，向竞争对手学习，向国内外学习，密切观察外部环境的变化，就能及时作出内部的调整。以不变应万变，要因时而变、因地而变、因人而变、因势而变、因变而变、以变应变。用大胆的、谨慎的、积极的心态创新自己的产品和方法，就可以随时随地取得成效。有些失败的人、失败的企业，就是因为没有树立正确的价值观，没有创新的思维和应变的能力，或者没有做好应变的准备，骄傲麻痹，该变的不变，不该变的乱变，这是他们失败的根源。鲁花这些年能够一年一个台阶地向前发展，就是做到了不应该变的一定不变，应该变的一定要变。

今天讲这个道理就是告诉我们的领导干部，要认真学习道德文化，汲取道德文化的智慧，提升道德修养，正确运用辩证法，明白阴阳之道、中庸之道，不过无不及。在这个基础上，不断创新思路和方法，高度重视不变与变的节奏，正确把握不变与变的规律，取得人生的圆满成功。

明道识“无”“有”*

在《道德经》中，老子阐述了世间万事万物都有相互依存、相互作用、相互转化的关系，无形化有形，有形化无形，指出了“无”和“有”既是相对的，同时又是相互依存的。没有“有”也就没有“无”，没有“无”也就没有“有”，即有无相生，也就是我们常说的相反相成。在日常工作中，同样存在着“无”和“有”的关系。理解这个辩证原理，对我们认识对立统一法则，学会一分为二、二合为一地思考问题具有重要的指导意义，有利于推进我们的各项工作。

《道德经》第十一章曰：“三十辐共一毂，当其无，有车之用；埏埴以为器，当其无，有器之用；凿

---

* 本文是根据作者2015年3月5日在第59期企业文化培训班开班典礼上的讲话修改而成。

户牖以为室，当其无，有室之用。故有之以为利，无之以为用。”意思是说因为车毂、陶器、房屋有了中空部分，才有了实际用途，所以说“有”带来利益，“无”带来用处。“无”和“有”浑然一体，紧密相连，是无法分开的。这些年我们在市场上信心十足，并取得了很好的业绩这个“有”，与“无”是有着很大关系的。为什么我们的花生油价格比别人高，却还能受到顾客的青睐？就是因为我们由创新而不断提升的产品质量、品牌效益和商誉这些无形资产增值了我们的有形资产。如果我们没有产品创新的质量、品牌这些无形资产的支撑，只靠市场技能在市场上拼搏是很难成功的。社会上有很多人、很多企业难以成功，就是因为只偏重于“有”，而忽视于“无”，不知道这个“有”是无“生”的，也就是不明白“以无控有”的道理。

在企业发展过程中的战略和战术，可以看作是“无”和“有”的关系。战略是无形的，是“无”；战术是有形的，是“有”。我们的道德文化学习是战略，市场经营的措施是战术，战略和战术是不可分割的，两者缺一不可。老子曰：“天下万物生于有，有生于无。”意思是说天下万物生成的根源在于“无”，所以说无中生有。这个“无”不是一无所有，而是不可见的、无可名状的宇宙自然的整体规律。只有顺应这个自然规律，天才能保持其清明，地才能保持其宁静，万物才能保持其生长。但是,“无”又要通过“有”呈现出来，因此,“无”和“有”谈不上哪个更重要，只能说两者缺一不可，谁也离不开谁。这就像鸡和蛋的关系。鸡和蛋哪个更重要？有人说蛋重要，因为天天吃的是蛋，但是若没有鸡，这个蛋从哪里来？

在企业发展中，无形的质量转化成有形的价值，有形的团队驱动着无形的市场,“无”和“有”是相互促进变化的。我们的质量、品牌是无形的。不像房产能看得见摸得着，质量、品牌是看不见的。质量、品牌价值有了，在市场上销量就有了，利润也就有了。如果没有质量、品牌这个“无”，就很难产生销量、利润这个“有”，所以我们这几年为打造鲁花的产品质量和品牌价值，花了很多气力。我们为鲁花这个品牌，默默无闻地奉献，为5S压榨工艺付出了很多的心血。这一科技创新成果的取得，前后用了十几年的时间。它有很高的科技含量，比如说彻底去除花生油中的黄曲霉素技术就是其中之一。这是别的企业做不到的，这个世界性的难题被我们通过技术创新解决了。这几年我们一直抓产品质量，创新产品质量，提高产品香味，为这个“无”在打基础。有很多企业忽视了“无”，不重视产品质量，却一个劲地追求多赚钱，最后不可能赚到钱。没有“无”哪来的“有”，我们因为有了质量、品牌、信誉，有了差异化，所以才有了市场，有了销量，有了效益。

我以前就说过，鲁花的无形资产支撑着鲁花的有形资产。如果没有无形的东西作支撑，销售是很乏力的。当然，我们不能否定大家在市场上的拼搏能力，“无”和“有”本来就是一种互补关系，就是战略和战术的平衡，两者同样重要，不要过分地强调“有”，更不要忽视看不见的“无”。

多少年前，我们提出“多换思想少换人，不换思想再换人”的工作方针，就是为了打造人才团队。世界的万事万物都是由“无”和“有”两个方面组成的，人也是由思想和形体两面组成的。思想是什么？思想是“无”。形体是什么？形体是“有”。不要轻易去换形体这个“有”，换人的思想这个“无”就可以了。《三国演义》中的诸葛亮对孟获七擒七纵，目的就在于赢得他的心服，改换了他的思想。因此，做好思想工作是做好人才团队的前提和根本。

人一生当中为什么有的人能成功，有的人不能成功？能不能成功就取决于思想和形体是否抱一，言行是否一致。天人不能抱一、营魄不能抱一、知行不能抱一，心神不定，魂不守形，就不会成功。比如思想和行为，有的人说得头头是道，做起事来却与说的不一致，这就是思想和行为不抱一。还有的人说明天我一定去帮着别人做点事，但到了第二天真要做时，又懒得去做了。想的时候信心十足，真要行动时却退缩了，思想和行动没有做到知行合一，也就成了“思想的巨人、行动的矮子”，长期下去人生理想怎么能够实现呢？

很多有天赋的青年，父母把你生下来，供你从小到大去读书上大学，学了很多知识，这不是你自己固有的，这是父母给的。你天资聪明，身体健康，有得天独厚的生存条件，是谁给的？是父母遗传给你的，也是天给的。自己怎么样？自己懒惰不愿意拼搏，可惜了天地父母给你的这些好的基础条件。为什么不去拼搏呢？为什么不能想到就做到呢？为什么会把自己变成“行动的矮子”呢？自己不能成功，不是天地父母给予的“无”少了，而是自己付出的“有”不够造成的。当然影响人生成败的因素还有很多，比如自私、欲望、名利观等。关键要把握好一个度，知道平衡。

“无”和“有”的关系还体现在为公与为私

方面。老子曰：“圣人后其身而身先，外其身而身存。”[①]其中“后其身”和“外其身”就是不考虑自己，就是无私，从而得以“身先”和“身存”，获得自身的地位和安全。因此，我们无论做什么事情，先把自身交出去，交给家庭，交给团队，交给企业，交给国家，以无我的方式为我，关心别人，爱护别人，懂得成全别人就是成全自己的道理。古训告诉我们：心有自私，必先为公；心有利己，必先利人。为什么稻盛和夫用“利他”两个字，一生中能做成两个世界五百强企业？我们再看看历史上那些成功的人士，在他们的身上都有一种博大的爱心付出，他们的成功都与公而忘私、利人为公这些指导思想分不开。

老子曰：“弱者道之用。”告诉我们道是用弱的，凡事不要去逞强，而要谦虚谨慎、尊敬别人。心有主见而无逼人之锋芒，思虑周密而不失旷达之胸襟，待人接物表现得柔弱一点，谦卑一点，低调一点。有些同志只想自己不想他人，对人趾高气扬，对部下、对同事漠不关心，这就大错特错。我们一定要知道部下、同事是滋润我们成长的土壤，我们有天大的本事，也不能脱离这块

①《道德经》第7章。意思是：有道的人把自己退在后面，反而能赢得爱戴；把自己置之度外，反而能保全性命。

土壤，所以要深深地扎根于他们之中，不要搞特殊化，搞特殊化就不会长久。老子说，“知其雄，守其雌”“知其白，守其黑”[①]。意思是明知自己很有力量，却要使自己保持柔弱的姿态，甘愿居于下位，大自然的规律都是下者为上。“江海之所以能为百谷王者，以其善下之，故能为百谷王。”[②]就是说正因为江海善于处下，才为万川归往，成就了它的博大与深邃。所以要想“远”就得从“近”入手，要想“高”就要从“低”入手，当领导的就要按照这个自然规律，以下为上，有容乃大。

大家要想做一个好领导，要想做强做大，要想做出成绩，必须要有两手：一手是技能，另一手就是明道，二者缺一不可。《易经》讲：“一阴一阳之谓道。”一阴一阳是一个东西，亦是两个东西。阴中有阳，阳中有阴，一分为二，二合为一，亦一亦二，一以贯之，这就是“道”。老子讲：“大道泛兮，其可左右。”[③]意思是说“道”无处不在，可左可右，可男可女，不是可遇不可求的。“道”天天在我们身边，生活中每个人都

---

①《道德经》第28章。意思是：深知雄强，却安于雌柔。深知明亮，却安于暗昧。

②《道德经》第66章。

③《道德经》第34章。

在行“道”，只是我们有时不知道而已。在行“道”的过程中，有的在“道”上，有的不在“道”上。不在“道”上就是“离道”,“离道”就会走偏。当我们明了“道”以后，就会只做符合“道”和规律的事情，不做不符合“道”和规律的事情，我们就容易成功。

古人曰：“君子乐得做君子，小人冤枉做小人。”小人就是因为没有“明道”，所以非常冤枉。我们为什么要做一个冤枉的人、糊涂的人呢？为什么不能做一个“明道”之人呢？老子在《道德经》中告诉我们：“天之道，利而不害；圣人之道，为而不争”①；“天道无亲，常与善人”②。这与我们倡导的先有付出后有回报是基本一致的，明白这些道理以后，道德品质自然而然就提高了。好的道德品质是为人的根本，没有道德品质一生就会失去根本。道德和成功是密不可分的，人生的成功离不开道德，道德是为成功保驾护航的。很多人不明白道德是重要资本的道理，只重视眼前看得见的钱财，不去经营道德这个最重要的无形资产，最后只能是小成或者失败。一个没有道德品质的人即

①《道德经》第81章。意思是：自然的法则，是利物而不害物；圣人的法则，是付出而不争夺。

②《道德经》第79章。意思是：天道公正而不偏爱，但总是与善人在一起。

使获得成功，以后也必然走向失败。《易经》讲“厚德载物”，就是告诉我们想要“载物”必须有“厚德”。道德资本是无，是每个人的无形资产，一个人的道德品质越好，积累的道德资本越雄厚，他的无形资产就越大，支配的有形资产就越多。做人首先积累厚德，才能承担事业与财富。《易经》讲：“善不积，不足以成名。”①我们要不断提高自身的道德修养，只有具备了崇高的道德，践行忠、孝、仁、义、礼、智、信等道德规范，才能成为君子，成为领导，才能具有强烈的责任感和使命感。只有以正直和阳光的态度处理好人与人之间的关系，做到群己合一，才能凝聚人心，得到他人的尊重，所做的事业才会无往而不胜。

子曰：“德者，成和之修也。”②就是说德的实质就在于能保持和气。大家一定要懂得和谐相处的重要性，因为我们做任何事情离开人群是不可能的，离开人与人之间的协作帮助是不可能的。比如我们的分公司，凡是销量增长幅度比较理想的，都是因为会与人打交道，要不就是内部团结协作得好，要不就是和代

---

①《易经·系辞下》。意思是：不做大量有益的事情，就不能成为一个声誉卓著的人。

②《庄子·德充符》。意思是：所谓德，就是事情得以成功、物得以顺和的最高修养。

理商及社会关系合作融洽，没有一个只靠自己的。《淮南子》讲：“同其心，一其力，勇者不得独进，怯者不得独退。”[1]无论是勇者还是怯者都要依靠团队，悉用集体之力才能做成事。只靠自己什么也做不成。一个人水平再高，如果没有集体这个大平台让其发挥，个人价值也很难得到体现。

我们要感恩这个时代，感恩鲁花企业的发展平台，感恩团队，感恩中华优秀传统文化。我们把遇到的每一件事当成历练自己的机会，把遇到的每一个困难当作磨练提升自己修为的机缘。大家要通过认识“无”和“有”的辩证关系，准确地把握《道德经》“无”中生“有”的道理，重视企业发展中的“无”，重视个人发展的“无”。积德方能载物，聚人方能聚财，鲁花是个优秀的企业，我们已经打造出了优秀的质量品牌、优秀的人才团队、优秀的绩效分配制度、优秀的企业道德文化。这些无形资产是我们在市场上取得胜利的法宝，是不可改变的四笔巨大的无形资产，也是当前和今后我们做一切工作的中心。我们一定要重视这些无形资产，珍惜鲁花发展的平台，抓住机遇更上一层楼。

---

①《淮南子·攻略训》。意思是：良将用兵，善于与士兵同心协力，勇敢的士兵不让他独自进攻，胆小的士兵也不让他单独后退。

把握四条准则　做好职责定位*

在工作中，我们最大的愿望就是能找到自己的目标方向和定位。有了正确的目标方向和定位，在工作中就能充分发挥个人禀赋，使自己的人生价值得到充分体现，使自己的人生得到充分发展。所以我把清晰的目标方向、辩证的方法、正确的定位、赢利的能力视为鲁花干部需要坚守的四项准则，这是发展企业、应对复杂环境、服务社会的基本要求。

《易经》讲“时、位、中、应”。“时”就是时机，时机指已经具有发展条件的一些机会。我们常说“机不可失，时不再来”，就是告诫大家在人生的道路上，每一次机遇都要抓住，不能错过。我们在商场

* 本文是根据作者2018年12月23日在鲁花集团总裁委员会常委会议上的讲话修改而成。

上，面对一些特殊情况，为了争取时间，就要随机应变，果断出击，这是商战的制胜之道。“位”就是定位，这个“位”很重要，“球体核心论·人生定位之道”的开篇就是讲人生定位。作为一名领导干部，必须有正确的价值观，端正的工作作风，做事不欺上瞒下，做人光明磊落、廉洁自律、公而忘私。开展任何一项工作都要树立崇高的奋斗目标，在任何情况下都要保持清醒的头脑，不迷失方向。“中”就是合适、适度，恰到好处。孔子曰“叩其两端”[①]“允执其中”[②]，就是指处理任何事情都要做到不偏不倚，持守中道，保持中正，不走极端。“应”就是应变，就是改变，就是创新。中国改革开放后非常重视“应”，因而社会经济得到了飞速发展，人民生活得到很大改善。应变就是寻找自己的弱项和短板，通过创新，超越自我。世界的万事万物都是在变化中生存与发展，我们必须提升洞察能力和应变能力，加强自我调整，从改变自己开始，应对外部瞬息万变的环境。

在企业管理中，我们一直强调“相融相合”这

①《论语·子罕》。原文：“我叩其两端而竭焉。”意思是：我就向他询问事物的两极，以穷尽事物的面貌让他知道。

②《论语·尧日》。意思是：要真诚地持守正确的道路。

个理念。相融相合就是要做到心相融，力相合。单丝不成线，独木不成林，把个人奋斗目标和集体事业融合在一起就会产生强大的力量。年轻的同志缺少实践经验，所以在工作中要虚心请教、不断学习，通过企业文化学习融进来，融入团队中向有经验的老同志学习，只有互相学习，才会相融相合。要达到相融相合，必须先融入团队，融入团队就是融入力量。既要横向相融，又要纵向相融。横向相融就是部门与部门之间的合作，凡事要从全局着眼，以大局为重，多为对方考虑，多为对方提供便利条件，在管理上相互制约、在工作上相互协作；纵向相融就是一把手要主动地帮二把手，二把手要积极向一把手请示，上下一致，团结一心。只有横向相融、纵向相融，各项工作才能相融相合、快速推进。在基层当干部，一定要分工明确，分得越细越好，如果吃大锅饭，必败无疑；到了高层应该合得越紧密越好，协同作战，抱团打天下，就能无往而不胜。上面是合，下面是分，这就是阴阳之道。有些同志企业文化学得很好，语言表达能力等各个方面都不错，但在实践中却背道而驰。这就是没有真正地做到与公司相融，与自己的部门相融。《道德经》中说：“有无相生，难易相成，长短相形，高下相盈，音声相和，前后相随。”这句话告诉我们万事万物都是相辅相成、相互依存、互为条件、互相转化的。我们要破解这些问题，避免因定位不准而给工作带来的危害，这就要求我们不要光靠别人来提醒，而是自己就要有这种自我警醒的能力，慎始慎终。对此我总结了当干部四条基本准则，供大家共同学习。

第一条，领导干部要有迫切想干事、干成事的欲望和爱好。作为一名鲁花干部，从当干部那一刻起就要明确目标，弄清方向，就应该具备想干事和干成事的欲望和爱好。通过这几年的企业文化学习，大家都树立了正确的价值观和崇高的奋斗目标，都想干事、都想干成事，都想在这个大平台上实现个人理想，体现自身价值。目标和想法是思想认识层面的，只停留在认识层面不行，还要把这个目标和想法进一步付诸实践，要在实践中发挥出来。二者结合起来就是我们常说的知行合一。

第二条，领导干部要学会在实践中运用辩证法。在《道德经》中，老子告诉我们“道”有“常道”和“非常道”,“常道”要按常规办事,“非常道”要按非常规办事。比如春节销售旺季到来，因为受时间制约和各种条件变化的影响，我们要求市场销售部门短时间内要达到全年销量一半以上。这已经进入非常道阶段，在这种情况下就要采取非常道的措施和非常规的手段。只有动用一切必要的措施与行政命令相结合双管齐下，才能抓住机遇完成任务。任何事物都有主次矛盾之分，只要抓住主要矛盾，次要矛盾就迎刃而解了。生产淡季，质量是主要矛盾，其他的工作是次要矛盾；但到销售旺季，时间就变成了主要矛盾，其他的变为次要矛盾。我们一定要明白，在工作中不能光想着今天这么干是对的，也要想到今天这么干也可能是错的。时一变，一切都在变，主次矛盾也在变。主要矛盾会变成次要矛盾，次要矛盾会变成主要矛盾。当把常道的工作方法用在非常道的工作中就是错的。比如生产部门在日常工作中，应该先抓产品质量，这是常道，是对的。但是另一方面，销售旺季临近，时间刻不容缓，时间就变成了主要矛盾，质量就变成了次要矛盾。主次矛盾的变化不等于不抓质量，只是侧重点有所变化而已，这就是老子所说的常道与非常道的区别和应用，这就是常规与非常规的区别，是主要矛盾与次要矛盾的区别。《易经》告诉我们，阴极变阳，阳极变阴，是不变的道。我们所有的干部对形势变化要有敏感性、紧迫性，确保在实践中都要依“道”而行，否则就会受到“道”的惩罚。

第三条，领导干部要做到正确定位。作为鲁花人，特别是公司的领导干部，要天天思考这个定位。我们企业道德文化的雏形，就是“球体核心论·人生定位之道”，我把“定位之道”定义为人生成功之道。现在有很多同志工作干不好，为什么？就是定位有问题。如果当了干部就觉得我是领导了，我就要说了算，这就大错特错，这就叫定位错了。这样会滋生不良的工作作风，难以融入团队。你说了就算，那么你把你的上级摆在什么位置？你把管委会摆在什么位置？在鲁花这个大团队中，是有团队规矩的，不管是干部还是员工，你始终要定位老板的权威必须维护，下级永远要服从上级，这是鲁花人的天职。服从并不等于不能提意见和建议，但不能当面不说背后乱说，会上不说会下乱说。有这种倾向的干部要及早调整自己的定位，如果不积极作出改变，将来就很难成为一个人才。

一个新领导上任要做好三个定位：第一个定位就是学习。我是来学习的，向谁学习？孔子曰：“三人行，必有我师焉。”①要向我的上级学习，向同事学

①《论语·述而》。意思是：三人同行，一定有我可以取法的人在其中。

习，因为我还有很多不懂的东西。通过学习来提升自己，通过学习增加智慧，通过学习有效地开展工作。作为领导干部始终要明白，到你负责的时候你就是领导，在平时，就要当好一个学生。如果你定位错了，固执己见，作风霸道，听不进别人的意见和建议，“老子天下第一”，那就离下台不远了。我为什么提出相融相合？为什么提出合和之道乃长治久生之道，合分之道乃生死存亡之道？就是让大家一定要正确把握，不要分，要合，要和大家融为一体。第二个定位就是继承。一定要继承公司优秀的道德文化，继承公司优秀的工作作风，继承公司优秀的工作经验，一定要学习别人的长处，一定要给予干部员工应有的尊重。只有会用人生定位之道、阴阳相生之道、资源整合之道指导自己的工作，才是真正继承了。不要认为自己什么都懂，就不学习，独断专行，这样是要坏大事的。既然你是先生，你自己说了算，别人还说什么呢？大家看你走到陷阱里面去了，也不愿意告诉你。第三个定位就是发扬。你先学习了，也继承了，就是有能力了，然后就要发扬自己的潜能和作用。用道德文化、实践经验激发出来的潜能和作用是巨大的，是超乎自己和任何人想象的，能凝聚团队干成一番事业，就是真正意义上的发扬光大了。如果不能发扬，就说明自己还没有当领导的能力。作为领导干部，我们要有这种自信心，要拥有并发扬这种能力。这是新上任的领导成功三步走，是领导干部的定位之道。

第四条，领导干部要具有赚钱的能力，也就是具有创造价值的能力。这是在市场竞争和企业发展中颠扑不破的真理。没有能力赚钱，不能创造价值，就没有资格登上领导干部这个岗位。《易经》讲："何以守位曰仁；何以聚人曰财。"就是说具有仁爱廉洁之心，且又会生财赚钱的人，才能居于领导之位，得到大家的爱戴。每一位领导干部要仔细反思对照一下：我有赚钱的能力吗？我有管理钱财的能力吗？面对钱财我做到廉洁自律了吗？我为公司赚钱了吗？通过管理我为公司省钱了吗？特别是各单位的一把手，如果不会赚钱，不会省钱，不能保持廉洁，就会拖累公司的发展。当初我到物资站当站长的时候，镇党委书记对我说："到年底你能赚一万块钱，我就给你戴大红花。"这句话我一辈子都忘不了，当领导的就是希望你有能力赚钱。如果当初我挣不到一万块钱或赔钱的话，我早就被辞退回家了，我的价值就体现在我能赚钱上。干企业就是要赚钱，否则在激烈的市场博弈中，谈何生存与发展？现在社会上有不少企业红火了一阵就倒下去了，有的企业甚至还没站稳脚跟就不见踪影了，归根结底，不就是因为这些企业缺乏赚钱的能力吗？作为一名鲁花人，如果没有赚钱的能力，能算是一个人才吗？我们现在干任何事情，都要先往最坏处去想。任何事情都有成功和失败两种结果，如果经常想到失败，具备危机意识，提前防范了，就能避免失败，成功就是水到渠成的事了。唯不忘败，方能不败。现在关键就是下面压力小了，缺少想干事、干成事的欲望，缺少危机意识。我们要把压力传导下去，增强大家干成事的欲望，把文化和压力结合起来，就能产生良好效果。有些人感觉我们现在的产品比以前卖得好一些，就开始盲目乐观，不思进取了，有种小成即安、小进即满的思想倾向，这是极其危险的。

要有赚钱能力，就是希望大家要树立这种雄心壮志。赚不到钱就要反思自己，说明你还没有具备当领导的能力。业绩要靠数据来说话。以后所有的成果不能没有考核，不能滥竽充数，不能吃大锅饭。吃大锅饭是亏了好人，养了闲人，我们不能做这种不公平、不公正的事情。必须让有贡献的人得到激励，体现多劳多得。我们搞经济就是要赚钱，要废寝忘食地想着创造效益。正当地赚钱就是人才，正当地赚钱就是贡献，正当地赚钱就是天职，这就是我们的责任。

一位称职的CEO的标准要求是什么？就是一定要有正确的价值观、清晰的目标定位，懂辩证法，有赚钱的能力，这是必须具备的基本条件。以后培养人、选拔人、重用人，也会遵循这几条标准。

学习道德文化 做好人才团队*

鲁花的发展与国家、民生息息相关，在发展中离不开国家、离不开社会群体、离不开企业的人才团队。鲁花的人才团队是用道德文化培育起来的，是在长期实践中打造出来的。道德是资本，而且是最重要的资本，理解了这一点就能建设好我们的人才团队。

《鲁花生生之道》和《易经》《道德经》是鲁花道德文化传承学习的基本教材，需要每位鲁花人长期学习，用心领悟。《鲁花生生之道》中有六句话：爱己先爱人，做事先做人；做人谦虚谨慎，做事务实创新；正确对待自己，正确对待他人；为他人就是为自己，为自己必须利他人；有自己必须有别人，有别人

---

* 本文是根据作者2017年4月9日在鲁花集团第78期企业文化培训班上的讲话修改而成。

才能有自己；只有时时处处都想到别人，自己才能做成功。这些讲的都是鲁花人才团队的思想定位和价值观取向。我们强调利人为公、行善积德、为人民服务的价值观，因为正确的价值观能够保证我们走的方向是正确的。我们学习《易经》《道德经》，就是在学圣贤智慧之学、阴阳相生之学、人生定位之学，就是学习人在群体中生存的智慧，对做好人才团队、实现人生目标具有重要的意义。

人在社会中生存，在群体中生活，离不开团队。能正确地处理好个人与团队之间的关系、自己与他人之间的关系；能用一分为二、二合为一、亦一亦二、一以贯之的辩证思维来认识问题、分析问题、解决问题；能融入团队，形成球体，做成核心，整合社会资源，是我们这个大团队追求的目标。

鲁花的发展表明：谁把团队做得好谁就会成，谁把团队做砸了谁就会败。谁有能力做团队谁就上，没有能力做团队就要下。做不好团队，一切都无从谈起。要做好团队，就必须时时处处体现个人道德在团队中的表率作用，这是团队建设的基础。凡是不注重个人道德、个人形象，不注重关心他人，不能把众人凝聚起来的，都是死路。我们反复强调团队建设，就是告诉大家，鲁花的人才团队优势永远不能丢。人尽其才，各得其所，建设一个优秀的人才团队，是我们的立家立业之本，是鲁花的百年大计。

要做好团队，人心是第一位的，要始终牢记：人心散了，团队就不存在了。要维系人心，巩固团队，就要先爱他人，利人为公。《尚书》说：“皇天无亲，惟德是辅；民心无常，惟惠是怀。”意思是：上天无亲无疏，唯独辅助有德行的人；百姓心中没有固定的官长，唯独归向爱护他们的人。我们提出“爱心、创新”这一鲁花人的行动纲领，归根结底是为团队建设服务的。人心都是肉长的，你敬人家一尺，人家敬你一丈，以心换心，就可以把这个团队凝聚起来。如果认为我是个经理，我是个主任，我就有某种可以行使的特权，那就错了。《道德经》第15章有句话：“豫兮，若冬涉川；犹兮，若畏四邻。”其中若冬涉川就是告诉我们，要始终保持一种小心谨慎的处世态度，慎重行事，就像冬天涉足冰河那样小心。若畏四邻就是要时时处处想着别人的感受，为他人着想。成功的人都是因为懂得了这个道理才获得了成功。

古代尧、舜、禹禅让时传承的四句话：“人心惟危，道心惟微；惟精惟一，允执厥中。”[①]寓意深刻，意义非凡，对我们打造有凝聚力、执行力、战斗力的人才团队很有启发。

第一句是“人心惟危”。这里的“危”不是指危险，而是指变化。这句话的意思是说人心是可变的。个人之心可以在善恶之间变换；众人之心可以在向背之间游弋，要带领好团队，守住人心是第一位的，失去人心就失去了一切。做团队离不开爱心、道德，有了爱心、道德就能凝聚人心，就能做成团队。与人交往聪明好不好？聪明当然好，但是聪明的最高境界是什么？聪明的最高境界就是糊涂，就是愚。这个愚就是人之初的本色，像没有雕琢的原木一样，像没有学坏的小孩一样，淳朴、无私、真实、可信。古人常说“内方外圆”，内方就是内心中正，坚持原则，公而无私；外圆就是外表柔和，处世圆融，想他人所想，不固执一端。方圆之道是一种高明的处世智慧，我们要将内方与外圆合为一体。既有原则性，也有灵活性，刚柔并济，相融相合，这样就能赢得人心，大家就会拥戴你。做人做事只知进不知退，就会处处有阻碍。如果一味地处世圆滑，巧言令色，耍小聪明，只想自

①《尚书·大禹谟》。

己得便宜，不想吃亏，这样就会失去人心，大家就会远离你。要做到内方外圆不是容易的，从聪明到糊涂不是容易的。所以郑板桥慨叹地说："聪明难，糊涂尤难，由聪明而转入糊涂更难。"郑板桥说的"转入糊涂"不是真糊涂，是更高一层的智慧，智慧与聪明有什么不同？聪明者关注眼前，智慧者关注长远；聪明者关注表相，智慧者关注根本；聪明者关注自己得失，智慧者关注他人损益。

人生有两条路：一条是通向生存之路，一条是通向衰亡之路。憨厚淳朴，谦虚谨慎，利人为公，处处为他人着想，这是生存之路；见利忘义，损人利己，自以为是，以自我为中心，这是衰亡之路。有很多有知识、有能力的人，应该成功却没有成功，都是因为没有找到生存之路。

第二句是"道心惟微"。什么是"道"？一阴一阳之谓道。中国文化的最高智慧就是"道"。从无极到太极，以至万物化生，都在"道"的运动变化之中。"道"无处不在，每一件事、每一个人都是一个"道"。"道"是深奥的，深奥到连圣人也有不理解的地方；"道"同时也是浅显的，浅显到普通老百姓都知道"行道"。道心乃向道之心，根源于天地自然之心，不会漂浮在上面，漂浮在上面的是现象。凡事我们既要看表面现象，更要看表面现象背后的东西，表面的东西容易看，背后的东西却很难看透。这里的微是指精微，就是说人们的向道之心以及对“道”的体认非常精微，容易受到人欲或外物干扰。要从精微处洞察事物变化的趋势和内在的本质，才能做到安然不动。如果你能把现象背后的东西看透，那就是微妙玄通，你就是识“道”了。我们看问题就是要知道本质和现象，凡事能掂量出这件事情的本质在哪里，做好定位，围绕定位确定主次先后开展工作。做错事都是因为把现象当作本质，或者把本质当作现象，应该重视的地方没重视，不应该重视的重视了，结果就会出大问题。《易经》讲“履霜坚冰至”，就是说任何事物的发展都是从量变到质变的过程，都会表现出一些征兆。做事情刚起心动念、似隐似现的时候，识“道”的人就能辩证地预料到将来会发生什么事。我们只要留心观察，注意细微之处，稍微运作，就能防患于未然。老子曰：“合抱之木，生于毫末；九层之台，起于累土。”[①] 如果等它长成合抱之木，形成九层之台，酿

---

①《道德经》第64章。意思是：合抱的大木，是从细小的萌芽生长起来的；九层的高台，是从一筐筐泥土建筑起来的。

成大错了，那就要有为了，其结果就是“为者败之，执者失之”[①]。

第三句是“惟精惟一”。惟精惟一就是要以精纯专一的态度探究事物的本质，不被事物发展中的表象所迷惑，要充分发挥主观能动性。世界的万事万物都是一,一以贯之。天地是一，夫妻二人是一,一件事的两面也是一。这个一代表对立统一的意思。我们做任何事情都要一以贯之，把对立的两面作为一个整体来考虑。不朝三暮四，不反复无常，不走捷径，要从细微之处做起，扎扎实实地工作。人的失败有时是粗心大意造成的，在即将成功的时候，最后那一两步放松了警惕，没有做到慎终如始，结果就失败了；或者是失败在起心动念上，没考虑成熟就随心所欲、盲目行动，没有做到“谋定而后动”。“道”的应用还在于会不会站在对方的立场、事物反面的立场辩证地思考问题。如果不会站在对方的立场想问题，只知道站在自己的角度想问题，那是必败无疑。很多人都习惯于从正面看问题，只看到对自己有利的一面，而看不到对自己不利的一面，这样处理问题就容易偏颇，困难或

① 《道德经》第64章。意思是：强作妄为就会败事，执意把持就会失去。

挫折会随之而来。因此，还得学会从反面看问题，当有人来说这件事情如何好时，我们马上就要想到这件事情不利的一面在哪里。凡事总能想到它的反面和不利的一面，把反面的、不利的东西看清楚了，就能避免失败。比如出去谈判，如果只能站在自己的立场谈问题，非谈崩不可；如果也能站在对方的立场上想问题，对方就容易接受。也替对方着想，就能够实现双赢，这是道的智慧。道的力量是神通的，是强大的。任法融先生说："它的功能高而至高，强而至强，任何有形事物无法比拟。天子皇权，不能驾驭；英雄豪杰，无法抵抗；智谋高士，无法算计；金玉堆山，无价买卖；神鬼灵验，无法展现；它是至高无上，亘古不息。"道生成万物，而万物靠自己的德来蓄养，有德方能得道，无德不会有道。我们要高度重视道德的力量，做到明道多德，行道有神。

第四句是"允执厥中"。"允"指真诚。这句话的意思就是，真诚地遵守不偏不倚的做人原则。就是不管说话还是做事，一定不要走极端，要"去甚、去奢、去泰"①。把极端的东西去掉，做到不过无不及。《道德经》中讲："或行或随；或嘘或吹；或强或羸；

①《道德经》第29章。意思是：要去除极端的、奢侈的、过度的措施。

或载或隳。”[①]意思是说大千世界纷繁复杂，没有统一不变的标准，我们看待任何问题，处理任何事情，都要做到统筹兼顾，不能一刀切。搞企业和战争不同，企业的特征是服务，战争的特征是暴力，企业讲的是双赢，战争讲的是你死我活，完全用战争的规律来指导经济是错误的。治理国家要遵循以法治国，以德为基。管理企业要以正治企，正就是光明正大，公平公正，不搞歪门邪道，不要行欺诈。搞经济不能变来变去，不能大起大落，要承前启后，一步一个脚印。战争则不同，战争讲究以奇用兵，声东击西，今天在这儿打一仗，明天就不知道跑到哪里去了。毛主席把握了战争的规律，以奇用兵，因而攻无不克，战无不胜。我们做人、做企业要靠道德的累积和沉淀，好像绣花一样，常年穿针引线，就会功到自然成；好像木匠一样，天天做年年做，做出来的产品才会是上品。靠搞运动，今天向东，明天向西，结果什么也做不成。

孟子说：“行有不得，反求诸己。”[②]意思是说事情做不成功，遇到了挫折和困难，或者人际关系处得不

---

①《道德经》第29章。意思是：世人性情不一，有的行前，有的随后；有的性缓，有的性急；有的强健，有的羸弱；有的自爱，有的自毁。

②《孟子·离娄上》。

好，就要躬身自省，多从自己身上找原因，这是君子风范；如果一味地怨天尤人，悲天怆地，推责他人，就是小人行径了。事情发生在下面，根源往往在上面，这是当干部必须明白的一个道理。我们一定要知道任何事情都是一分为二的，别人存在一定的问题，自己肯定也存在一定的问题。如果把团队带得一盘散沙，不要光找别人的过错，领导更要反思自身哪些方面做得不够，自己应承担什么责任，这就是“反求诸己”，只有这样才能达到“其身正，不令而行”的境界。

《道德经》中有句话：“知常容，容乃公，公乃全。”[①]意思就是认识了客观规律就能包容万物，包容万物就能做到公正无私，达到周全平衡。我始终强调人都有两面性，既有好的一面，也有差的一面。我们分析评判一个人要多看他的优点，而不是盯着他的缺点不放，因为我们用人是用他的优点。当领导要学会利用每个人好的一面，发挥他的长处，避免他的短处。只要明白人无全能、物无全用的道理，就能做到人尽其才，各得其所。

如何在团队中生活是每个人必须面对的人生课

①《道德经》第16章。

题，是对每个人的重大考验，任何人都逃避不了。人生要过的第一关就是团队关。一滴水只有融入大海，才不会干涸。一个人如果不能融入家庭、团队、社会，其他一切也就无从谈起。正确的价值观是团队的灵魂，是团队建设的核心。有的人一生碌碌无为；有的团队没有凝聚力、战斗力，就是因为缺少正确价值观的引领，没有用正确的价值观去团结人、凝聚人。作为干部，没有正确的价值观就带不好团队；作为员工，没有正确的价值观就难以融入团队。三十年前，我在物资站的时候，就明白了一个道理：能否融入团队、做好团队，是决定人生发展和企业生死存亡的关键。所以我提出了“爱心是鲁花的向心凝聚力，创新是鲁花的发展提升力”。用爱心做团队，爱心文化是做好团队的基础，要想得到大家的拥护和支持，没有捷径可走。要处理好个人与团队之间的关系、自己与他人之间的关系、领导与被领导之间的关系，就看我们在日常工作生活中是利人为公还是损人利己，是行善积德还是恃强凌弱，是为大家服务还是为自己服务。人的一生无非就是要表现出自己在社会上有多大的作用，能给别人带来什么样的利益，为家庭、团队、社会、国家做出什么样的贡献。只有心里装着大家，时时处处想到他人，以爱心对待他人，才能做好一个大团队，融入一个大团队。

中国人自古以来就重视家文化，重视团队文化，优秀的团队文化是做好团队的基础。我们倡导的企业道德文化，就是用来促进团队建设，培养人才团队的。我们要用道德文化统领集团公司的战略全局，统一大家的思想。要提拔重用刻苦学习道德文化、掌握道德文化、践行道德文化和传承道德文化的优秀人才，营造整个鲁花大团队比、学、赶、帮、超的学习氛围，不断提升道德文化对优秀团队的作用和成效。

《道德经》曰："不尚贤，使民不争。"①我们培养的是一个人才团队，而不是培养一两个人才，培养一两个人才就是尚贤了，整个团队都是人才才是不尚贤。这就给我们当干部的提出了一个课题，就是如何把你身边的人紧密地团结在你的周围，只有始终坚持多换思想少换人、不换思想再换人的原则，坚持贪腐行为零容忍、帮派行为零容忍的行为准则，才能打造出一支优秀的人才团队。

我们倡导的一系列理念："从群众中来，到群众中去""爱己先爱人，做事先做人""有情领导，无情

①《道德经》第3章。意思是：不标榜贤明，使民众不起争心。

管理”“管理就是服务”等，都是我们做好人才团队的保证。比如我们在作出重大决策或者制定规章制度的时候，最好的方法就是“从群众中来，到群众中去”。先与身边的领导沟通，个别的也好，开个会也好，把自己的想法告诉这些人，虚心征求他们的意见和建议。如果这么做了，就会减少决策的失误，很多同志也会支持你的决策。交流和沟通是解决团队内部、外部矛盾和问题的最有效途径，它能够把问题消灭在萌芽状态。只有做到很好地沟通，才能有针对性地把服务做好。人往往就是在不了解、不沟通的情况下最容易出问题，容易产生嫌隙。只有了解了才能够理解，相互理解了才能够达成共识。

我们以后遇到的挑战还会很多，最关键的是如何打造一支优秀的人才团队，用团队的力量战胜一切困难。领导干部对公司最大的忠诚，就表现在能够引进人才、留住人才、培养人才、使用人才和推荐人才上。我们要持之以恒地凝聚团队，提升团队，要加强培育后备人才梯队，为选拔人才建立完善的机制，为人才建功立业搭建广阔的平台。这是鲁花的人才团队战略，是鲁花生生不息的根本。

我非常赞成老子的无为思想，只要把感情、私心、主观、意气这八个字去掉了就是无为，无为并不是不为，而是公而忘私地作为。只有冲破小我的格局，才能焕发出最高的热情，释放出最大的能量，创造出最大的价值。我在姜疃镇政府物资站的时候，从来就没想过这个企业是集体的，还是个人的，以无为的心去经营这个企业，只想着责任，想着实现自身价值，把为人民服务作为人生最大的快乐。一个人天天算计什么是我的，什么是他的，这就是有为，就走到死胡同了。今天我们学价值观、学辩证法、学爱心创新、学人生定位，为的就是创造人生更大的成功。

我们的干部有两大任务：第一是做好人才团队，不要成为团队建设的失败者；第二是带领这个人才团队完成集团公司交给的任务。作为企业的领导干部都应该理解我们倡导的企业经营理念。我们提出销量论英雄，利润比贡献，就是让大家明白，我们创建优秀团队是为了要在市场上打胜仗。能否取得优异的工作业绩，是公司对优秀团队必不可少的考量。人要体现自身价值和能力，就要用事实证明给别人看。

鲁花从小到大的发展离不开团队。鲁花靠优秀团队战胜了前进中的困难，靠超强的凝聚力、战斗力、执行力和忠诚度支撑起了这座大厦。每一个鲁花人都是一粒种子，我们要把鲁花的先爱与创新的基因传递繁衍下去，让鲁花成为百年企业。我曾经说过一定要让在鲁花的人比离开的人过得好，让所有和鲁花交往的人、交往的企业以及合作伙伴都因鲁花而受益。这是一种大我的境界，是一种大我的责任。道德境界有多高，人才团队就会有多大，企业将来的发展规模就会有多大。大家有正确的价值观、有良好的道德修养，懂得辩证法，懂得人生定位，再加上我们有质量品牌、人才团队、绩效分配制度和企业道德文化四大优势，只要坚定不移地沿着这条路走下去，我坚信同志们的明天会更好，鲁花的明天会更好。

附录：孙孟全治企箴言*

一、铭言汇

★爱心是鲁花的向心凝聚力，创新是鲁花的发展提升力。

★个人的力量是有限的，团队的力量是无限的。

★多换思想少换人，不换思想再换人。

★明道多德，行道有神。

★行善积德，利人为公。

---

* 附录中收录的是作者在鲁花集团会议、企业文化培训班以及与各地来访学者、企业家座谈时的讲话摘录。

★先爱他人，以德取得。

★爱己先爱人，做事先做人。

★为他人就是为自己，为自己必须利他人。

★有自己必须有别人，有别人才能有自己。

★只有时时处处都想到别人，自己才能做成功。

★做人谦虚谨慎，做事务实创新。

★做人要能吃苦、能吃亏、能受气、能忍耐。

★要有危机意识、机遇意识、超前意识、创新意识。

★不于与人竞争，敢于与无人竞争。

★绝不让消费者食用一滴不利于健康的油。

★阴中有阳，阳中有阴，一分为二，二合为一，亦一亦二，一以贯之，这就是道。

★合和之道乃长治久生之道，合分之道乃生死存亡之道，不可不慎，不可不察。

★家和万事兴，国和天下平。

★以法治国，以德为基。

★本质是阴，是规律，是不变的；现象是阳，是变化多端的万事万物。《易经》中的“道”是讲生的，只有生生不息才能称之为“道”。“道”不是讲出来的，是在实践中悟出来的。要不断地探索、不断地尝试、与时俱进。

★一阴一阳是个什么样子，按照《易经》的思维就是“惟恍惟惚”，说是阴也有阳，是阳也有阴，亦阴亦阳；你说动也不动，不动也动，亦动亦不动；你说是一也是二，是二也是一，亦一亦二。

★只有合和，家才会兴旺；只有合和，企业才会发展；只有合和，国家才会繁荣。要上下同欲，齐心合力，以合为大，和气生财。

★《易经》的奥妙就在于运用大自然的规律，融会贯通地掌握人类社会发展的规律。

★世界的万事万物都是由“无”和“有”两个方面组成的，人也是由思想和形体两面组成的。

★大家必须要学会用一分为二、二合为一、亦一亦二、一以贯之的辩证思维看问题，任何问题都要把两面合为一个整体来思考，这样就能避免片面性。

★认识到任何事情都存在阴阳、对错、成败、长短等相对辩证的关系时，就会思虑周全，达到平衡。

★只有明“道”了，才能算真正有智。明“道”就会多德，行“道”就会有如神助，人生理想就容易实现。

★富从德来，世间一切获得都是道德的结果。道德和成功是密不可分的，人生的成功离不开道德，道德是为成功保驾护航的。

★好的道德品质是为人的根本，没有道德品质，一生就会失去根本。一个人没有道德就是一无所有，有了道德就能蓄聚能量。一个人道德有多高，财富就会有多厚。德高望重的人很容易事业发达，人财兴旺。

★积德方能载物，聚人方能聚财。鲁花是个优秀的企业，我们已经打造出了优秀的质量品牌，优秀的人才团队，优秀的绩效分配制度，优秀的企业道德文化。这些无形资产是我们在市场上取得胜利的法宝。

★爱心是德，是不变的；创新是才，是变化的。爱心、创新阴阳相生，企业就会生生不息，这是鲁花不断发展的根源。

★只有坚持利缘义取、财自道生，利人为公、以德取得，帮助别人实现了目标，自己的目标才会实现。

★得到了不义之财，以后失去的要远远多于所得到的，会受到规律的惩罚。所谓“德不配位，必有灾殃”。

★做人首先积累厚德，才能承担事业与财富。要合理地取得，不走歪门邪道，不染贪污腐败，不发不义之财，不取无德之得。

★贪污腐败、奢侈浪费、损人利己、恃强凌弱及一切违背天理道德的行为都是败德。勤业节俭、忠诚孝悌、利人为公、为人民服务及一切符合天理道德的行为都是积德。

★取得成绩的时候，不能得意忘形，要尊重别人；获得财富的时候，不能丢了勤俭节约的好传统，要想着利人为公。一切都要兼顾，想到自己更要想到别人，想到成功也要预料到失败。

★天道就是大自然的规律，人道是什么？就是天赋予每个人的人性，就是儒家文化提出的“忠、孝、仁、义、礼、智、信”。

★我们必须要按照天道所指引的方向、德所倡导的规范为人处事，用正确的价值观做好人生定位，则万事无往而不胜。

★我们学习道德文化就是为了打开智慧之门，让大家树立正确的价值观，沿着正确的方向前进。

★人固有的一些思想观念是很难改变的。改变自己是一个痛苦的过程，并不是我们今天说了，大家就会马上改变。为了做好团队，为了使自己能够有前途，我们就必须要有恒心，一点一点地去改变自己。

★好成绩是靠自己干出来的，好名声是靠别人说出来的，这是非常有道理的一句话。别人不说你好，自己说好没有用。

★心诚是上天的原则，追求心诚是做人的原则，只有天下极其心诚的人，才能发挥自己的本能。最高的心诚可以预见未来，是福可以预先知道，是祸也可以预先避免，就像《道德经》讲的“微妙玄通”，达到这样的境界，就能顺势而为。

★要做好领导工作必须做到心诚。心诚则灵，心诚则事成，心不诚则事不成。

★心诚是上天赋予人性的应有之义，只有心诚才会无妄，这是做好一切工作的必然条件。

★忠是立国之本，孝是立家之本。忠就是热爱祖国，忠于国家，忠于自己的工作职责；孝就是善事父母，尊老敬贤，报答父母养育之恩。不忠不孝不能立于天地之间。

★做任何事情都要把握好一个度，防止片面性。站在做的立场有所不做，站在不做的立场有所做，做中有不做，不做中有做，这就是《易经》的思维。

★中庸是高明的智慧和方法，是易行而不可改变的理，就是阴阳平衡、相融相合、不偏不倚、恰到好处、正当其中，就是“不过无不及”。

★付出与回报是平衡的，自己与别人是平衡的，制度和文化是平衡的。一定要学会平衡，做好定位，知道哪是中心，不要偏。失去平衡就会失去重心，失去重心就会产生矛盾，牢牢记住我们每一项工作实际都是在找平衡。平衡是基本，平衡是和谐，平衡是做好人才团队的前提。

★能不能抓住主要矛盾并找到解决主要矛盾的方法，是检验我们干部水平的标准。

★处理任何问题都不要留后遗症，不能把一个问题解决了，产生两个新问题；或者把一个小问题解决了，产生一个大问题。

★己所不欲，勿施于人。我们干每一件事都要想想，我自己能不能做到。

★想要获得，必须付出；想要利己，必须利人；想要为私，必须为公。

★利人不应是表面的，而要从内心养成一种利人的习惯，是发自内心、无私地利人；是满怀喜悦、自然而然地利人；是时时处处、真挚真诚地利人。

★我们强调利人为公，实际上为公和为私是对立统一的，是相互转化的，只要为公必能成其私，而且由利人为公转化来的这个私，才是真正牢固的、安全的。

★越大胆地付出，越是想着别人，其实越能成就自己。这就是老子所讲“以其无私，故能成其私”的道理。

★人一定要有无私奉献之心，一定要有利人向善之举，一定要做一个有利于他人的人。

★人生的价值在于为别人带来了多少幸福，为国家和社会带来多大的效益，而不是为自己带来多少利益。

★老子曰：“圣人后其身而身先，外其身而身存。”先把自身交出去，交给家庭，交给团队，交给企业，交给国家，以无我的方式为我，关心别人，爱护别人，懂得成全别人就是成全自己的道理。

★领导干部既要信任部属，又要取信于部属，取信于部属是非常重要的。干部信任部属，部属信赖干部，这是团队和谐的基础。

★孟子说“行有不得，反求诸己”，是说事情做不成功，遇到了挫折和困难，或者人际关系处得不好，就要躬身自省，多从自己身上找原因。事情发生在下面，根源往往在上面，这是当干部必须明白的一个道理。

★在企业当中，最怕的就是员工不知道领导在想什么，领导不知道员工在干什么。上级要经常走下去调查研究，摸清基层的真实情况，才能避免决策失误。下属要吃透上级的指示精神，干工作才不至于走偏，才能干出成绩。

★创新型人才主要有两个特点：第一是有追求，具备永不满足、永不停歇的进取精神；第二是有定力，只要认准了就锲而不舍、永不退缩，不达目的不罢休。

★任何困难都可以通过创新来克服解决，有创新就有出路。人一生当中，如果没有创新意识，什么事情也干不成。

★五个手指中大拇指为阳，其余四指是阴，这就告诉我们阴是多数，阳是少数。作为企业每年都要有变化，如果始终不变，企业就不会有发展；如果多变、乱变，企业就会失去根本。

★任何事情的成败，关键在于人的思想，人的思想决定人的行为。成功者，目标不变方法常变；不成者，方法不变目标常变。

★以不变应万变，要因时而变、因地而变、因人而变、因势而变、因变而变、以变应变。

★不变的是正确的世界观、人生观、价值观。变化的是方法。应该变的一定要变，不应该变的一定不变。高度重视不变与变的节奏，正确把握不变与变的规律。

★在不变与变之间，首先要把握不变的东西，否则就会失去根本，走向失败。

★人一生的成败关键在于思想意识的高度，任何事情都是无形的东西支配着有形的东西，这是规律。

★根本就是本质，其余的都是现象。只有抓住本质、规律，问题才会得到根本解决。

★世界上的万事万物都是主和次、本质和现象的对立统一，只要抓住了本质的一面，洞察其内在的规律，任何难题都能迎刃而解，抓不住本质，就什么也抓不着。

★时变一切都在变，今年能干的事不要推到明年，现在能干的事不要推到以后。要以时不我待、只争朝夕的精神对待我们的每一项工作。

★承担责任是每个人做事的基本准则，任何一个地方都没有不用承担责任的工作。

★价值观错了，方法越多，失败得就会越快；价值观对了，却不懂辩证法，不知道主次先后，做事就会事倍功半。

★定力的提升就会成为定势，定势的力量是势不可挡的，做一切事情都要顺势而上。

★要想“远”就得从“近”入手，要想“高”就要从“低”入手，当领导的就要按照这个自然规律，以下为上，有容乃大。

★要想做强做大，要想做出成绩，必须要有两手，一手是技能，另一手就是明道，二者缺一不可。

★人一定要做到慎独。人最怕的就是独，独处时人最容易犯错误，要慎之又慎。

★领导干部如果没有慎独的品质，就不可授之以权力，委之以重任。

★部下、同事是滋润我们成长的土壤，要深深地扎根于他们之中，不要搞特殊化，搞特殊化就不会长久。

★任何事情离开人群是不可能的，离开人与人之间的协作帮助是不可能的，一个人只靠自己什么也做不成。一个人的水平再高，如果没有集体这个大平台让其发挥，个人价值也很难得到体现。

★做人做事要虚心，决不能胆大妄为、自高自大。这样就不会遭到别人的嫉妒和反感，反而会得到他人的尊敬和喜欢。

★虚心就是将自己的心放空，这样才能意识到自己的不足，才能向别人学习；骄傲的人会满足于现状，不思进取，听不进别人的意见和建议，自以为是，必然招致失败。

★大家一定不要觉得自己手里有了权力就可以为所欲为，以权谋私，就可以搞特殊化，官僚主义盛行，凌驾于别人之上，如果这样走下去，就会快速地结束自己的干部生涯。

★做好榜样、身先士卒，吃苦在前、享乐在后是鲁花对领导干部的基本要求。

★人一定要心胸宽广，有容乃大，心中无私天地宽，身边有一个能够时刻给你提不同意见的人，是很幸运的。因为有人监督、提醒、纠偏，才会少犯错误。

★做人必须有思想、有信念；做事只是一种表现。把事情做好了，是因为思想理念正确；如果思想理念不正确，就很难做出正确的事来。

★正确的价值观是人生成功的指南针；辩证法是解决问题的金钥匙。

★做好团队难，融入团队更难。要融入这个大团队，就要甘愿做团队中的学生，不以师自居，屈己待人，达到群己合一。

★一定要把鲁花建成一所培养人的大学校，把大家培养成德才兼备的人，培养成对社会对国家有更大贡献的人。不能让来到鲁花的人单纯地追求物质和金钱，关键还要学会做人做事的道理。

★人的能力应该体现在能否改变别人的思想和行为。进了鲁花门就是鲁花人，既然进了鲁花的门，就不能轻易淘汰，要千方百计地感化他、教育他，让他做适合于自己的工作，让他成为合格的人才。

二、论中国传统文化

1. 中国传统文化是非常优秀的文化。在上古时代，伏羲氏就揭示了大自然的规律，提出了阴阳之道。天是乾，是阳，是变化的。“天行健，君子以自强不息。”自强不息就是不断地创新、创新、再创新。地是坤，是阴，是不变的。“地势坤，君子以厚德载物。”厚德载物是不变的经。人立于天地之间，只有人才能发挥天地变与不变的特性。鲁花的爱心创新文化根植于中华优秀传统文化中，使中华优秀传统文化在鲁花得到了传承和力行。

（2012年7月2日）

2. 鲁花从创业到现在已经有三十多年的历史。在这个发展历程中，我深深地体会到中国文化的先进性，它和西方文化有着本质的不同。中国文化是世界上独一无二的文化，敬天、敬地、敬人，以人为本，重视和谐，以自然为师，是讲规律的，是活的。天是生生不息，地是厚德载物，人是道德与创新之主，这些都是规律，是天道、自然之道。

（2012年6月20日）

3. 不管是古圣先贤，还是历史伟人、当今的领袖们，他们一直在研究大自然的规律和人类社会的发展规律。中国改革开放后的三十年，经济发展突飞猛进，我感觉根源就在于中国文化。从伏羲氏创立的阴阳学说，到毛主席提出的矛盾论，邓小平提出的两手抓、两手都要硬，都是阴阳之道。鲁花的爱心和创新就是阴阳之道，道德与创新平衡，企业才能不断地发展。

（2012年6月20日）

4. 尊重大自然的规律，尊重人类社会的道德文化，是中华优秀传统文化的核心内容。作为企业来讲，企业文化必须具备中华优秀传统文化的基因。只有这样，企业才能兴旺发达，否则就难以生存。有些人说企业文化是老板的个人文化，我不赞成这个观点。只能说是老板个人引领了企业文化的方向，方向正确与否，直接决定企业和员工的命运，所以老板承担了引领正确企业文化的责任。比如购买别人的产品，付钱是天经地义的事。有的老板会要求财务及时付款，不得拖欠；有的老板会要求财务延迟付款，尽量拖欠。不同的老板，截然不同的两种态度，直接影响员工的行为，这就形成了两种完全不同的文化。文化指引着企业发展方向，企业文化正确与否，直接关系到企业的兴与衰。因此，企业的道德文化必须符合中华优秀传统文化。

（2012年7月2日）

5. 企业文化必须要具备中国传统文化的基因，任何一个企业离开了国家的传统文化，都是不能生存的。中国文化是一体两面，从伏羲氏的阴阳八卦、孔夫子的中庸之道到毛主席的矛盾论，都是一分为二、二合为一的。也就是说，在企业管理中，既要有爱心，还必须要有创新，如果背离这个阴阳之道，必然会走入歧途。

（2012年6月20日）

6. 人类是大自然的产物，必须尊重大自然规律和人类社会发展规律。人类社会的不断发展，依靠的就是不断发现规律、掌握规律和运用规律，违背了规律，必然受到规律的惩罚。天地就是大自然，敬畏天地就是敬畏大自然；敬人就是尊重人类社会发展规律，以人为本。所以按照大自然规律和人类社会发展规律办事，就是做到了敬天、敬地、敬人，就是做到了天地人三才合一，就是符合中国文化。

（2012年6月20日）

7. 道德是做人的根本，德近乎于道，有道必有德，无德即是无道。道德是一种境界、一种格局、一种力量、一种资本，道德的光芒比阳光还要灿烂。道德是对人对事有爱心、恭敬心、感恩心、天下为公心，是做人的根本。一个有道德的人、一个有道德的企业能得到大家的认可和帮助，会使自己走向成功。

（2012年6月20日）

8. 鲁花的企业道德文化与中华优秀传统文化是

完全吻合的。我们学习优秀传统文化的根本意义在于净化自己的心灵。我们的心灵得到了净化，就会懂得正确定位，就会懂得是非对错，懂得本末终始。我们学习传统文化的目的就是修心。修心修什么？就是按照天之道、圣人之道来修。天之道就是“利而不害”，圣人之道就是“为而不争”。利而不害，就是心存善念，做有利于他人的事情，不伤害他人。这样做，不一定马上就能获得物质上的回报，但是，正如老子所说：“天道无亲，常与善人。”你不断地付出爱心，贡献价值，就成为一种正能量，能够感化和凝聚越来越多的人，他们会给你带来更多的智慧、更多的合作、更多的机会、更多的资源，这些都在无形之中潜移默化地改变着你的生命轨迹，一步一步引导你走向更美好的未来。为而不争，“为”是指要干事情，要按照客观规律干事情，要努力把事情干到最好；“为”还指人要学习，要提升自己，要努力做好自己。“不争”首先是不与道争，做事情不要把自己的主观意愿强加进去，要顺道而为；“不争”也是“不于与人竞争”，包括不与竞争对手争，做好事情，做好自己，利他利民利社会，坦然接受一切结果。没有好的“为”，哪有好的“果”，好的结果不是争来的。

把自己修炼到这种程度，就会达到行善积德、利人为公和为人民服务的境界。只要个人的道德价值观和天道一致了，就可以做到天人合一，就可以用辩证法分析问题，解决问题，就会无往而不胜。如果价值观不能和天道一致，不具备天下为公心和为人民服务的心，那么再好的辩证法也只能让一切迅速地走向事物发展的反面，人生目标永远无法实现。

（2016年6月3日）

9. 很多人在成就人生方面和认识大自然规律、社会规律方面做得很不够。人生活在大自然当中，生活在社会中，就应该遵循大自然的规律。大自然的这种规律用在做人、做事、做团队上都是很适用的。

（2003年7月2日）

10. 大家一定要研究事物的发展规律。任何事物的发展都有它的规律，市场有市场的规律，做工有做工的规律，做人有做人的规律。谁能够把握，谁就能够成功；谁违背了规律，谁就要受到惩罚。

（2003年7月19日）

11. 老子说："知人者智，自知者明。""知人者智"就是要知道别人，只有知道别人，才称得上有"智慧"；"自知者明"就是要知道自己，只有真正地知道自己、认识自己，才称得上"明达"。也就是说一个既能真正知道别人，又能正确认识自己的人，那他就是"智慧明达"的人，也就是一个真正懂得做人的人。所以说只有知彼知己，才能立于不败之地。《孙子兵法》中讲的"知彼知己，百战不殆"就是这个道理。有些同志自认为非常有能力，但吃亏就吃在不能知彼知己上，只知道自己，不知道别人，不知道自己有多大多小，对自己没有一个正确的评价，对别人也没有一个深刻的了解。

（2007年4月24日）

12. 我们首先要认识大自然的规律，在这个基础上认识做人做事成功的规律。人要成功就不能违背大自然的规律，成功的规律概括起来就是爱心和创新。为什么孔子的儒家学说两千多年来始终长盛不衰？就是因为它把握了成功的规律。儒家学说，归根结底就是爱心学说，仁爱思想是做人之本。从历史的发展来看，很多的成功者都遵循了爱心文化。如果违背了爱心文化，即使成功也是偶然的不能长久的成功。

（2008年5月25日）

13. 鲁花公司为大家搭建了一个很大的发展平台，只要大家树立正确的人生奋斗目标，学习太阳的付出精神和创造精神，学习大地的厚德载物；明白公司倡导什么、反对什么；怀着感恩心、恭敬心、天下为公的心为人做事，用心学习，谦虚谨慎，认真工作，努力创新，就能做到“元亨利贞”，就能成为一个成功者。如果你的行为违背了这些规律，必然出现“凶吝悔”，你就是一个失败者。

（2010年4月13日）

14. 孝心是爱心的源头，孝心是道德的根本。“百善孝为先”，一个不孝顺父母的人，是没有道德可言的。我们常说做人要孝，做事要廉，不廉洁的人就是不道德的人，也是不孝的人，“德有伤，贻亲羞”。廉洁就是“元亨利贞”中的“贞”，就是要追求正当的利益，只有廉洁的团队，才有凝聚力和战斗力。孝廉是做人的基本要求，如果连孝廉都不懂，就是不懂人性，还怎么在人群中生活？

（2011年10月27日）

15. “德才兼备、以德为先”，是鲁花对人才素质的要求。“德”和“才”是人才素质的两大标准，是人生成功的两大支柱，一阴一阳，缺一不可。德是阴、才是阳，才靠德统帅，德靠才发挥。德是做人的基础，看一个人首先要看德行，一个人德行不好，才越大，危害就越大，因为他做事的方式会违背做人的原则。有的干部不重视道德修养，被提拔上来以后，手中有了权力，就容易出现贪污腐败，假公济私，这就是德不配位，会害己、害人、害企业。一个人的道德行为会影响到家庭的美满、团队的和谐、企业的发展、个人的进步。

（2012年7月2日）

16. 德是承天之道，道就是规律。“道德”二字，有德彰显有道。一个人没有德，就是无道，过去都讲无道的昏君，也就是无德的昏君。道德是做人的根本，“得道多助，失道寡助”。人生活在人群中，不是孤立存在的，怎样处理好人与人之间的关系？要靠自己的德行。一个有道德的人会为别人着想，是君子，能得到大家的尊重和帮助，从而走向成功；没有道德的人，就是损人利己，只有自己没有别人，是小人，是注定要失败的。正所谓厚德载物，就是人要有德，有德才能承载财富。如果没有德，就是赚了钱，也不是你的钱，有家也不是你的家。一个人也好，一个企业也好，道德是基础，如果没有道德做基础，一切事情就无从谈起，守不住道德的底线，就算能成功，也只能是暂时的，迟早是要失败的。

（2012年7月2日）

17. 我认为“道”和“术”中，“道”是悟出来的，“术”是学出来的。“道和术”就好像是智慧和知识之间的关系。知识就相当于家里有很多的粮食，但是，你要想把它变成能量，就要先吃掉它、消化它，而后才能把它变成你自身的能量。也就是说只有把学来的知识完全理解了、消化了、实践了，变成你自己的东西，你才可能将这些知识变成智慧。在社会实践过程中，我们时常会碰到很多问题，遇到很多事情需要去解决，就要在解决的过程中反反复复地悟，当你大彻大悟后，你悟到的东西就能变成一种能量，一种智慧。

（2013年6月8日）

18.“不敢为天下先”不是不为天下先，而是不妄为争先，要审时度势，顺势争先，站在不争先的立场上争先，做到“不于与人竞争，敢于与无人竞争”。

（2014年4月7日）

19. 我们要加强对“道”的研究和学习，掌握“道”的智慧。当你把生产、营销与《易经》、《道德经》、《中庸》、“正倒三角”这些“道”的智慧结合起来时，在生产经营管理中遇到的问题、在市场中遇到的问题、在团队建设中遇到的困难都会迎刃而解。

（2014年10月9日）

20.《中庸》中讲："致广大而尽精微"。广大是什么？广大就是大到没有外面了，就是全覆盖、站得高、看得远，没有看不到的地方。如果不注重学习，不明道，没有道德素养，就无法做到广大。精微是什么？关尹子讲："其大无外，其小无内。"精微就是小到没有里面了，就是看得深、看得透、明察秋毫。在工作中，连一个小问题也瞒不过你的眼睛，就好像打鱼一样，会打鱼的人老远就能看见鱼在水里游，就知道有多少鱼、多大的鱼。不会打鱼的人会感到很奇怪，鱼在水底怎么看见？这就是精微，这就是见微知著。

（2014年10月9日）

21. 我们做任何事情都要把握好一个度，这个度是什么？这个度就是孔子所说的中庸。什么是中庸？人在性情上讲叫中和，在于每一件事情上讲叫中庸。中庸不是折“中”，而是用“中”,“中”是解决问题的最佳点，它会因物而异。就像用杠杆撬动一个重物，杠杆的支点不一定在杠杆的正中间，支点在哪取决于重物的重量有多大，使用的杠杆有多长，撬动这个重物的人的力量有多大。中庸是高明的智慧和方法，是易行而不可改变的理，就是阴阳平衡、相融相合、不偏不倚、恰到好处、正当其中，就是“不过无不及”。

（2014年10月9日）

22. 阴阳之道、中庸之道、定位之道以及辩证法，都是要求大家“不过无不及”，做到统筹兼顾，阴阳平衡。大家处理任何事情都要慎重，找问题时要把问题一分为二，抓住主要矛盾，抓住本质；寻求解决方案时，要把方法二合为一，系统地整合思考。处理任何问题都不要留后遗症，不能把一个问题解决了，产生两个新问题，或者把一个小问题解决了，产生一个大问题。

（2014年10月9日）

23.《道德经》曰："反者道之动。"就是说事物的发展规律都是朝相反方向运动的，愈为公愈能成其私，愈为私愈将致其败，事物发展的规律就是这样的。

（2014年10月9日）

24. 老子说："知其雄，守其雌"，"知其白，守其黑"。意思是明知自己很有力量，却要使自己保持柔弱的姿态，甘愿居于下位，大自然的规律都是下者为上。"江海之所以能为百谷王者，以其善下之，故能为百谷王"，就是说正因为江海善于处下，才为万川归往，成就了它的博大与深邃。所以要想"远"就得从"近"入手，要想"高"就要从"低"入手，当领导的就要按照这个自然规律，以下为上，有容乃大。

（2015年3月5日）

25.《易经》讲："一阴一阳之谓道。"一阴一阳是一个东西，亦是两个东西。阴中有阳，阳中有阴，一分为二，二合为一，亦一亦二，一以贯之，这就是"道"。老子讲："大道泛兮，其可左右。"意思是说

"道"无处不在，可左可右，可男可女，不是可遇不可求的。"道"天天在我们身边，生活中每个人都在行"道"，只是我们有时不知道而已。在行"道"的过程中，有的在"道"上，有的不在"道"上。不在"道"上就是"离道"，"离道"就会走偏。当我们明了"道"以后，就会只做符合"道"和规律的事情，不做不符合"道"和规律的事情，我们就容易成功。

（2015年3月5日）

26."天之道，利而不害；圣人之道，为而不争"，"天道无亲，常与善人"。这与我们倡导的先有付出后有回报是基本一致的，明白这些道理以后，道德品质自然而然就提高了。好的道德品质是为人的根本，没有道德品质一生就会失去根本。道德和成功是密不可分的，人生的成功离不开道德，道德是为成功保驾护航的。很多人不明白道德是重要资本的道理，只重视眼前看得见的钱财，不去经营道德这个最重要的无形资产，最后只能是小成或者失败。一个没有道德品质的人即使获得成功，以后也必然走向失败。《易经》讲"厚德载物"，就是告诉我们想要"载物"

必须有“厚德”。道德资本是无，是每个人的无形资产，一个人的道德品质越好，积累的道德资本越雄厚，他的无形资产就越大，支配的有形资产就越多。做人首先积累厚德，才能承担事业与财富。《易经》讲：“善不积，不足以成名。”我们要不断提高自身的道德修养，只有具备了崇高的道德，践行忠、孝、仁、义、礼、智、信等道德规范，才能成为君子，成为领导，才能具有强烈的责任感和使命感。只有以正直和阳光的态度处理好人与人之间的关系，做到群己合一，才能凝聚人心，得到他人的尊重，所做的事业才会无往而不胜。

（2015年3月5日）

27. 一阴一阳是个什么样子，按照《易经》的思维就是“惟恍惟惚”，说是阴也有阳，是阳也有阴，亦阴亦阳；你说动也不动，不动也动，亦动亦不动；你说是一也是二，是二也是一，亦一亦二。我们学习《易经》就是要明白任何事物有阴就有阳，有虚就有实，有真就有假，有看得见的就有看不见的。只要能在认识上做到亦阴亦阳，通盘考虑，就不会走极端。遇到好的事情，大家就知道有坏的一面存在；取得成功的时候，就能想到有失败的一面存在。大家必须要学会用一分为二、二合为一、亦一亦二、一以贯之的辩证思维看问题，任何问题都要把两面合为一个整体来思考，这样就能避免片面性。要知道世界的万事万物都是相对的，没有绝对的东西。在任何时候我们都要用发展的眼光看待事物，用创新的逻辑应对变化。在顺利的时候看到可能存在的隐患，在挫折的时候也要看到可能存在的机遇，认识到任何事情都存在阴阳、对错、成败、长短等相对辩证的关系时，就会思虑周全，达到平衡。

（2016年3月3日）

28. 我们学习易经思维，就是让大家知道哪些不应该变，哪些应该变。变的规则是什么？答案就是“权不离经、权不损人、权不多用”。权就是变通，经就是原则，就是道德。“权不离经”就是我们在工作中必须用原则来约束自己的行为，所有的变通都不能背离道德，不能超越我们的规矩，这样才不会乱变。“权不损人”就是我们在做事情需要变通的时候，不能损害他人的权益，损害他人是不公平的。“权不多用”

就是偶尔有变化可以，但如果经常变，甚至连根本都改变了，那是最可怕的。做人做事要确立根本，根本坚实了，就可以立于不败之地，所以我们的各类规章制度不能无原则随意地变，如果今天变明天变，让大家无所适从，就表示自己不成熟，这种变的结果只会是凶。

（2016年3月3日）

29. 吉凶悔吝的规律告诉我们，不是遇到吉就单纯考虑这个吉，遇到凶就单纯考虑这个凶；而是教给我们面对人生必然律的时候，要从悔开始。凡事把悔放在前面，做任何一件事都得提前想到，干了以后会不会后悔，会不会引发出后悔的事来，预先考虑事情后果就是具有忧患意识。要想趋吉避凶，防患于未然，就要跳出吉凶悔吝的必然律，做到有悔在先。

（2016年3月3日）

30. 本质和现象是一阴一阳，是两个东西亦是一个东西，是一体两面。只要明白了本质和现象是一体两面，我们在分析问题、解决问题时就应该从本质入手，而不是从现象入手。就好像阴和阳，要从阴入手，而不能从阳入手。阴阳之道就是教给我们要辩证地认识事物，抓住事物的本质。本质是阴，是规律，是不变的；现象是阳，是变化多端的万事万物，很难抓住。你把本质问题抓住了，解决了本质问题，现象问题自然而然就解决了。

（2016年6月3日）

31. 人为什么不能说脏话，不能说不利于他人的话，因为“反者道之动”。你说别人的脏话，自己就会得到脏东西，甚至会受到恶报；说吉利的话，得到的是吉利，收到的一定是福报。

（2016年9月24日）

32. 我们之所以要谢天谢地，是因为天地有规律，我们把天地的规律用在做人做事做企业上，就会得到天地的护佑，就会产生神奇的力量。

（2016年9月24日）

三、论定位

1. 作为鲁花人，每个人都要树立正确的价值观和崇高的奋斗目标。一个没有崇高人生目标定位的人，一生必定是空虚的、痛苦的。只有树立崇高的人生目标定位，用正确的价值观指引前进的方向，目标才能实现，人生才能幸福。

（2003年7月2日）

2. 我们现在已经找到了一条使个人不掉队、使企业不掉队的好路子。这条路子第一步就是树立正确的价值观和崇高的奋斗目标定位；第二步就是运用阴中有阳、阳中有阴、一分为二、二合为一、亦一亦二、一以贯之的辩证法；第三步就是融入团队，形成球体，做成核心，整合社会资源。

（2004年8月11日）

3. 要想成功，每个人都要对自己有个正确定位。我们面对自己时要充满信心，就是自己对自己要有信心，人若失去自信心，什么也干不成；面对别人时要谦虚谨慎，不要说自己是最了不起的，要知道天外有天，人上有人，要知道水能载舟，亦能覆舟。

（2003年7月2日）

4. 对于同一个事物的认识，由于站的位置不同，对事物中问题的认识和结论就不同，处理的结果就不同。就好像一个杯子，站在杯子的南面看，这个杯子在北面；站在杯子的北面看，这个杯子在南面。也就是说，站的位置和角度不同，判断事物的结论就不同，所以我们看一个杯子，理解认识每一个事物，对待每一个人，处理每一件事情，都必须客观地、全面地看待相互之间的定位。

（2003年7月2日）

5. 若是只把自己定位在正三角的高点上，对任何事情就很难处理好，因为处在这个位置居高临下，会把自己看得很重，容易产生爬得越高、跌得越重的危险。正三角的最高点是最理想的，是每个人都追求的，但也是最危险的，因为在这个位置上，容易自高自大，得意忘形。要避免这种危险，就要深刻认识到球体原理和大自然的对立统一法则。具体地说，人不能只面对自己，同时还必须面对别人，既要做正三角的顶点，还要做倒三角的低点。因为，这个点不是孤立的，而是相对的、平衡的、互动的。

（2003年7月2日）

6. 正确的定位对成就人生起决定性作用，天、地、人乃至万事万物都有各自的定位，这是规律。正确的定位取决于什么？取决于对事物规律的认识和把握。只要懂得辩证法，懂得了它的理性，就知道应该把它定位在什么位置上了。清醒地认识自己，清醒地认识别人，正确地定位自己，正确地定位别人，才能不断检视自己、修正自己，才能不断地完善自己。

（2003年7月2日）

7. 一个真正的成功者，他想得最多、讲得最多的就是危机意识。我为什么教给大家认识正三角与倒三角之间的关系？归根结底就是个定位问题，是个平衡问题。这就是教给大家看问题的方法，教给大家如何运用对立统一的法则，一分为二、二合为一的观点去看待问题、处理问题。不能只知其一，不知其二；只知道正面，不知道反面；只想到成功，很少想到失败，这是人生的一大缺陷。

（2003年10月9日）

8. 大多数事业没有成功的人都是没有做到正确地定位自己，正确地定位别人与自己的关系。带领一个团队，把团队带散了，就是当领导的自身定位有问题；作为员工，不受大家的欢迎，就是个人在团队中的定位有问题；处理问题不分主次先后，眉毛胡子一把抓，就是不会给本质和现象定位；不知道产品的卖点就是不会给产品定位。所以，我们办一切事情，解决一切问题，都要从正反两方面考虑，找到问题的平衡点，做好各项工作的定位。如果每个人都能按照这种逻辑去运作的话，每个人都会是一个成功者。

（2003年7月2日）

9. 有的同志始终没有把自己定位在二合为一的位置上，所以于人于事就处理不好。做人做事不知道方向，干工作不知道轻重缓急，做事情不知道主次先后，对人不懂换位思考，做产品不清楚卖点，写文章抓不住主题等，都是不会定位的表现。因此，根据自然规律和辩证法，结合我们平时倡导的一些理念，广大干部员工要正确定位自己，正确定位他人，正确地定位万事万物。

（2003年7月2日）

10. 爱心创新文化绝不是可有可无的事情，我们一定要把它作为当前和今后各项工作的总定位。因为爱心、创新是鲁花三十多年的经验积累以及对事物发展规律的把握。

（2003年7月19日）

11. 我们学习“球体核心论 · 人生定位之道”，其中一个目的就是要懂得定位，懂得站在对方的立场想问题，懂得不要站在正三角的顶端往下看，应该站在正三角的顶端往上看的道理。当你往下看时，就意味着每天看到周围的人都比你差，看到能力比你差的人收入比你高，心里就不平衡。如果往上看呢？看一看在鲁花有哪些先进事迹值得你学习，有哪些人应该向他们看齐，你就进步了，这就是往上看的意义。看一个人是这样，看一件事是这样，看一个企业也是这样。我们只有掌握了这种认识方法，才能使自己每天都有好心情，每天学到新东西，每天产生正能量。

（2003年7月19日）

12. 正确的价值观是方向，也是目标定位，价值观决定人生目标的实现。我们用三角形表述，正三角的顶点就是人们追求成功、追求高峰、追求第一的目的地，这是人生的目标定位。定位是人生三步走中最重要的一步，一个人要有理想、有抱负、有能力，必须追求人生的至高点。人往高处走，水往低处流，这是规律。如果没有目标定位或定位摇摆，人生就会迷失方向。

（2003年9月26日）

13. 世界的万事万物都有自己的定位，我们要做一个什么样的人、什么样的企业，生产什么样的产品，解决什么样的问题，都要找准定位。有的人也有人生定位，但他们的定位不正确，比如把损人利己、追求不正当的财富当作目标，这就偏离了人生的方向；只有有了正确的定位，才能有的放矢，才能找到解决问题的方法。如果没有正确的定位，处理问题的结果就会事与愿违。所以不同的定位就会产生截然不同的人生格局和命运。

（2003年9月26日）

14. 我们把“鲁花是大家的鲁花，是参与者的鲁花”作为公司的定位来倡导，但有很多人不理解，怎么能是大家的鲁花，是参与者的鲁花？因为鲁花这个平台自始至终是提供给大家的。鲁花这几年把挣来的钱全部用在滚动发展上，这个平台发展越大，大家在这个平台上的保险系数就越高，抗风险能力和竞争力就越强，受益的人数就会越多，个人收入就会越高。事实证明：在鲁花，谁贡献得越多，谁就会越受益。所以大家要珍惜自己的岗位，珍惜自己的企业，处理好爱企业和爱自己的关系。

（2003年7月19日）

15. 每个人都要根据对立统一的辩证法，用一分为二、二合为一、亦一亦二、一以贯之看问题的方法，对自己遇到的人、事、物进行科学定位。只有把自己定位在正倒三角的联结点与万事万物的平衡点，知道你中有我、我中有你、一体两面的道理，每个人才能完成从平凡到非凡或从英雄到领袖的升华。

（2003年9月26日）

16. 正确的价值观和崇高的目标定位，那就是“爱心是鲁花的向心凝聚力，创新是鲁花的发展提升力”。只要牢牢地记住这两句话，记住这个鲁花人的目标定位，干任何事情就不会背离初衷。

（2004年1月2日）

17. 当初毛主席提出“为人民服务”作为共产党的定位，就是要求共产党人必须时时处处以“为人民服务”为宗旨，去做一切事情。“为人民服务”也是我们鲁花人的定位。为消费者服务，为农民服务，为经销商服务，为市场服务，为全员服务。坚持这个定位并努力践行，企业就会永远立于不败之地。

（2004年1月2日）

18. 定位决定人的心态，心态决定人的行为，行为决定人的命运。那么什么叫定位？战略就是定位，定位就是战略。作为一名管理者，我们必须学会定位，或者说学会战略。

（2004年5月15日）

19. 好的定位决定好的心态，好的心态就决定好的行为。心态不好，干事情就肯定不会顺。你只有拥有一个良好的心态、非常知足的心态、非常感恩的心态，而且看别人时既能看到他的长处，又知道他的短处，才能使自己健康向上地发展。短处每个人都有，只要你定位正确了，短处也可能变成长处。

（2004年8月11日）

20. 学习企业文化是工作中的一个组成部分，是鲁花公司整体战略的一个组成部分。有的同志提出：鲁花公司整天念叨这些东西有什么用？我认为不天天这样念叨，不天天这样学习，不天天这样灌输，对每一个同志来讲，都是极大的损失。如果不把握鲁花公司倡导什么，反对什么，在某些事情上就会想不开、做不对；只有把握了，心胸敞开了、坦荡了，每天才会保持一种愉快的心情。这就是定位的作用。

（2004年8月11日）

21. 有些人觉得定位很容易，其实定位是很难的事情。定位不准，就很难辨别“对”与“错”，你的定位不对，你得出的结论就不对，就会出现偏差，出了偏差大家就不服你，就说你当领导的处事不公，而你自己却往往觉得很公平。

（2006年6月2日）

22. 十几年前，我结合中华优秀传统文化提出“先爱”的思想，也就是“爱己先爱人”“有自己必须有别人，有别人才能有自己”。爱己是原点和归宿，要通过先爱别人达到爱自己的目的。“先爱”意味着主动和先付出，这种“先爱”会感动对方，进而产生相互之爱。只有时时处处想着别人、先爱别人，才能成功。在“先爱”思想的指导下，我们提出了“产业报国，惠利民生，先爱他人，以德取得”的经营理念。鲁花作为一个负责任、尚道德的企业，多年来始终致力于践行利人为公、造福社会、奉献国家的正确思想定位。

（2012年6月20日）

23. 天道是宇宙人生万事万物的发展规律和运动

方向。德是人性，是人类社会依天道而行的行为准则和行动规范，顺之者昌，逆之者亡。所以，我们必须按照天道所指引的方向、德所倡导的规范为人处事，用正确的价值观做好人生定位，则无往而不胜。

（2013年10月3日）

四、论爱心和创新

1.“爱心是鲁花的向心凝聚力，创新是鲁花的发展提升力”，这句话就是我们鲁花人的定位和行动纲领，也是我们企业文化的精髓。也就是说，没有爱心、没有创新，企业就不会有发展，个人也不会有进步。这里所讲的爱心和创新，是告诉大家企业成功的密码。如果大家按照这个要求去做，我相信一定会是一个成功者。这条成功的路，就是将爱心和创新始终如一地贯穿在企业的经营管理过程中。如果我们坚定不移地沿着这条发展之路走下去，我们的目标就一定能够实现。

（2003年7月19日）

2. 企业文化中的爱心和创新，实质是指着做人和做事。我们提出来的“爱心是鲁花的向心凝聚力，创新是鲁花的发展提升力”、“爱己先爱人，做事先做人”、“创建优秀团队，整合社会资源”就是讲如何做人。做人必须有思想、有信念，做事只是一种表现。把事情做好了，是因为思想理念的正确；如果思想理念不正确，就很难做出优秀的事来。

（2003年7月19日）

3. 我们提出的“爱心是鲁花的向心凝聚力，创新是鲁花的发展提升力”，大家不要认为这两句话早已背过了，你将其内在的东西悟到了没有？一个国家、一个民族，如果没有创新，就不会有发展，也不会有进步。党中央提出要加强自主创新，建设创新型国家就是这个道理。我们深深地认识到，一个企业如果没有创新就不会有生机和活力，就不会有提升，也不会有发展。鲁花这些年为什么能成功，就是由于在坚持爱心的基础上，不断地创新。通过创新，我们实现了产品差异化，提高了市场竞争力，提升了企业经济效益。

（2003年7月19日）

4. 爱心和创新两者都必须兼顾，这就是鲁花提出

“爱心是鲁花的向心凝聚力，创新是鲁花的发展提升力”的原因。因此，我们把“先爱他人，厚德载物，创新发展，生生不息”作为鲁花的核心文化，作为鲁花人的定位。

（2012年6月20日）

5. 我们有些同志就接受不了这种“先爱”的观念。在鲁花公司你就必须得接受它，不接受就要成为一个落伍者。你若是违背了这个“先爱”的观念，总有一天是要掉队，是要被淘汰的。

（2004年8月11日）

6. 我们必须把爱心和创新有机地结合起来。爱心是做人，创新是做事，把握了爱心和创新的真谛，就是把握了做人做事的成功规律。我们要通过爱心达到凝聚，通过凝聚实现创新，通过创新推动发展。我们要建立起一个完整的创新管理机制，销售、生产的一把手就是创新的第一责任人。我们的一切活动都要围绕着爱心、创新开展，把爱心、创新扎扎实实地落实到行动上，企业就会日新月异地发展。

（2011年10月27日）

7. 鲁花为什么讲爱心文化？因为爱人是做人的根本原则，为人的应有之义，是处理好人际关系最有效、最完美的方法。应该说这个“爱”字，总结出了鲁花爱心文化的精髓。鲁花从当初的小小物资站发展到现在，一直都是遵循爱的准则。鲁花的成功与爱是分不开的。

（2003年5月29日）

8. 我们应该如何来认识“鲁花是爱”？首先是从爱自己做起。怎么样爱自己呢？爱自己首先要爱国家、爱农民、爱企业、爱消费者、爱他人，通过先爱他人而后达到爱自己的目的，也就是“爱己先爱人”。多少年来，我们一直坚持这种赤诚的爱。鲁花用爱得到了所有人的真诚，靠爱增强了企业凝聚力，大家上下同欲、步调一致，企业得到了快速发展。

（2003年5月29日）

9. 鲁花人为什么爱企业？因为大家需要它！大家只有把鲁花的工作当成自己的一份事业来做，才能摆脱贫困，共同致富，实现双赢。但是随着企业不断发展壮大，有个别干部员工逐渐对鲁花的爱心传统淡漠了、忘记了，有的人已经不爱自己了。一个不爱自己的人怎么能爱企业、爱别人呢？那么究竟怎样做才是真正爱自己？是损人利己爱自己，还是利人为公爱自己？对于这个问题，我们每个人必须理解透才行。大家只要把这个“爱”的含义认识到位了，其余的问题就会迎刃而解。

（2003年5月29日）

10. 鲁花的路很长，二十年过去了，有人问我：“鲁花现在处于一个什么阶段？”我说：“鲁花现在正处在一个刚起步的阶段，就像早晨八九点钟的太阳。”我们要始终用一种行为和理念，使我们的心永远像年轻人一样充满青春的活力和激情。

（2003年7月19日）

11. 我们提出了“做事先做人”。把做人放在第一位来考虑，只有会做人才能做成事，现在有很多事做不好，就是因为违背了做人的理念和做事的原则。鲁花这几年从小到大的发展，每前进一步都是由于理念的正确，才促进了企业的发展。比如说鲁花倡导的爱心文化。我们为什么提倡爱心文化？我们倡导的这种“爱”是从爱自己开始。人应该爱自己，一个不爱自己的人，也不会去爱别人。要把爱他人、爱企业、爱国家、爱社会、爱消费者作为爱自己的一种表现。

（2004年3月12日）

12. 鲁花倡导“管理就是服务”，就是上级为下级服务、下级对上级负责的理念。在企业里，为什么有些人际关系往往搞不好？搞不好的原因就是把自己的位定得不对，定在了管上。那么一个“管”人，一个被管，这自然是一对矛盾。但如果把管理变为服务，为你的基层服务，为你的下级服务，为你的同事服务，在服务中实施管理，在管理中体现服务，这样大家对你的服务式管理就容易接受，这就是鲁花爱心文化在管理中的运用。你只要懂得了爱，也就懂得了管理的真谛。不懂爱，就不懂管理。如果管理者不用爱心去管理，就达不到下级对上级负责的目的。

（2004年3月12日）

13. 我们倡导的企业道德文化不是口号，关键要落实在行动上。我们提出向心凝聚力和发展提升力，就是告诉大家要想提升就必须创新。推进创新工作，是企业发展的需要，是打造企业核心竞争力的需要。要在全体干部员工中深入灌输创新理念，营造创新氛围，让每一个人都参与创新活动。当前鲁花公司正在大踏步地向前发展，我们要大刀阔斧地开展创新工作。

（2002年7月31日）

14. 各部门要围绕着“创新”理念开展工作。每个同志都要增强创新意识，提高创新激情，千方百计地研究开拓性的工作、创新性的工作。我们倡导的创新并不仅仅是领导干部的事，而是要全员创新，每一名员工都要成为创新的主人翁、创新的实践者。

（2003年3月17日）

15. 通过这几年的努力，鲁花公司取得了很大的成功。我们有了自己的品牌，有了自己的销售网络，有了自己的营销团队和研发队伍。这些成功都是全体干部员工通过艰苦奋斗、不断创新取得的。为了鲁花公司大家庭的长远利益，我们现在唯一的选择就是必须不断创新。每个人都要具备创新意识、增强创新能力，要把创新作为我们工作的重要使命。对于缺乏创新意识、创新能力和创新成果的干部，公司要进行适当的调整。

（2003年3月17日）

16. 鲁花公司正处在一个快速发展的过程中，如果不想着创新，老想着过去是怎么干的，我今天还怎么干，那是不行的。当然优秀的东西必须坚持，同时必须坚持不断地创新。大家一定要牢牢把握鲁花爱心创新文化的真谛，很好地厘清爱心、创新思路。要想做成中国食用油第一品牌，就必须做到围绕市场、创造市场、引导消费。就是说市场需要什么，我们就生产什么。绝不能说我们生产出什么来，消费者就得吃什么。他可以不吃你的，他可以不买你的。所以我们提出了“全员为顾客服务，一切为市场服务”的理念。我们要围绕着顾客价值进行创新，通过创新，为顾客、为市场提供更好的服务。

（2004年3月12日）

17. 同志们一定要认真地学习。通过学习提高自己的思想素质，提高自己的业务能力。我们提出的爱心、创新理念，一个也不能偏废。没有爱心，就不得人心，没有人拥护你；没有创新，没有工作能力，就不能提高工作效率，是要被淘汰的。大家要知道自己的工作来之不易，人往往在得到时，不认为它珍贵，但是当失去的时候，就会非常后悔。同志们赶上了这么一个好的机会，一定要珍惜，不要等失去了才觉得珍贵。所以大家要运用好我们的爱心创新文化，与人为善，与人为友，与人为伴，使自己很好地融入团队。

（2004年6月17日）

18. 人必须有压力，有了压力以后，就会产生意想不到的动力。压力来自外部和内部，为了应对外部压力必须自我加压，必须具有敏锐的观察力和判断力。只有通过学习，才会知道自己的压力突破点在什么地方。随着市场经济的快速发展，竞争越来越残酷，企业的创新意识越来越强，每个企业都在千方百计地搞创新，不创新就克服不了压力和危机，不创新企业就没有生机和活力。

（2004年8月17日）

19. 我们的企业文化学习，不是去研究一些高深理论，而是学习企业成功的管理方法和先进理念，学会怎样应对当前的市场形势，摸透市场经济的发展规律。这就需要大家在坚持爱心的基础上，勇于创新、敢于创新、大胆创新。要继承和发扬鲁花人肯吃苦、善打硬仗、顽强拼搏、团结协作、上下同欲的优良传统，增强凝聚力，提高执行力和战斗力，企业才会立于不败之地。

（2004年8月17日）

20. 创新是党和国家倡导的主题，是企业永葆生机的源泉。作为企业必须与时俱进、开拓创新。我们提出“创新是鲁花的发展提升力”，这是企业发展的必由之路。鲁花通过5S纯物理压榨工艺的创新，拥有了中国驰名商标、中国名牌产品。今年是鲁花的创新年，希望全体干部员工一定要多动脑筋，开阔思路，在集团的各行各业掀起创新的热潮。

（2006年2月15日）

21. 我们的目标是远大的，大家不要认为鲁花在全国有了点名气，就满足于现状，要知道这仅仅是个开始。爱心和创新是我们企业文化的核心思想，我们要用爱心凝聚人心，建设一支优秀的团队；用创新发展企业，做中国食用油第一品牌。我们要抓住爱心、创新不放松。

（2006年7月13日）

22. 一个品牌的兴起，其产品必须有技术含量，没有技术含量，就没有差异化，就很难有市场竞争力。鲁花要成为中国食用油第一品牌，必须在食用油行业中打造出差异化，才能在市场上占据优势地位。今年，公司紧紧围绕着创新开展工作，把创新作为工作重心，通过技术创新实现产品升级。让每一个鲁花人都明白企业的发展必须走创新之路，要人人关心创新、人人参与创新。

（2006年7月30日）

23. 我们提出的“想干、会干、实干、巧干”，最重要的是巧干，巧干就是创新，这是值得企业长期研究的一个重大课题。鲁花公司要做创新型的工作、前无古人的工作，不光要照葫芦画瓢，还必须有自主创新的能力，有创新才会有发展。每一个工厂、每一个车间、每一个管理者，都要有创新能力和创新成果，都要把创新成果应用到日常工作中。在生产上有创新，工作就会事半功倍，就能省工、省力，就能提高产量、提升质量。在市场上有创新，销量就会增加，品牌知名度就会提高。这就是“巧干”的结果。归根结底，就是要用“巧干”打造企业的核心竞争力，如果没有核心竞争力，就没有在市场经济中存活的基础。

（2007年6月25日）

24. 在市场经济大潮中，企业如何在竞争中取胜？就是要打造自己的差异化，这种差异化必须是独一无二的，任何人不可模仿的。我们的爱心文化是不可模仿的，用企业文化武装起来的鲁花人“能吃苦、能吃亏、能受气、能忍耐”的精神是不可模仿的，鲁花团队的凝聚力是不可模仿的，这就是我们的差异化。大家一定要不断地学习，不断地提升道德修养，打造我们的差异化，这是鲁花公司发展战略的重要组成部分，也是我们取得成功的唯一途径。

（2007年8月25日）

25. 这几年我们在创新上加大了功夫和气力。高层管理者在顶层设计层面研究创新，加大对创新成果的激励政策。我们就是要在干部员工中兴起创新之风、营造创新氛围，让全员参与到创新中去。以后在鲁花公司，不管是提干还是晋升转正，都要将创新成果作为硬性指标考核。中层干部要增强创新意识，要带领自己的团队进行创新。高层领导要制定好激励政策，调动起创新的积极性。集团公司上下都要具备创新意识，提高创新能力。

（2007年8月25日）

26. 企业在市场竞争中如何取胜？我们手里必须有武器。这种武器就是竞争对手不可模仿的东西，不可模仿就是差异化，差异化是靠不断创新得到的。比如，我们的企业道德文化是不可模仿的，鲁花人的“四能”精神是不可模仿的，鲁花人的凝聚力是不可模仿的，鲁花的5S压榨工艺是不可模仿的。我们就是要打造出有差异化的团队，生产出有差异化的产品，建立起有差异化的品牌。大家永远不要忘记，爱心、创新是我们鲁花人的成功之道。这几年我们在爱心凝聚团队的基础上，把创新提升发展作为当前和今后工作中的重中之重。创新的目的就是保证产品在市场上有差异化、有竞争力，保持企业有源源不断的活力和长久的生命力。

（2007年8月25日）

27. 大家一定要把创新工作作为头等大事来抓，以后的工作总结交流也要紧紧围绕着这个主题进行，要把工作重心放在创新上。不论是原发性创新，还是生产方面提高产品质量的创新、提高工作效率的创新、降低生产费用的创新、管理理念的创新，以及市场营销方面产品卖点的创新、销售渠道的创新、促销活动的创新等，都要提倡。比如对市场上消费者想什么、追求什么，都得进行深入调查，要提炼出能够符合消费者利益的卖点，满足消费者的消费需求，吸引更多的消费者。形成能够赢得消费者认同的统一口径，在市场上推广。这些都属于创新的范畴，一定要加强对创新成果的提炼，要建立起创新激励机制，调动起每个员工的创新积极性。

（2009年2月7日）

28. 大家一定要积极响应集团公司的号召，重视创新，参与创新。不懂创新的干部不是好干部，没有创新意识的人，就当不了企业的负责人。创新可以自己创新，也可以大家一起创新，可以引进消化吸收再创新，也可以另辟蹊径搞原发性创新。对于在新的发展时期遇到的新问题，能找到妥善的解决办法，这是创新，而对于以前存在的老问题，在工作中找到了解决的新办法，这也是创新。只要能够产生新的成果，就是创新。创新无止境，创新就是生产力，创新能够提高效益。

（2009年2月7日）

29. “创新是鲁花的发展提升力”，创新是企业发展提升的基础。我们的学习一定要逐步转移到注重实践应用上，要把“球体核心论·人生定位之道”，转变成做每一件事情的成功之道。领导干部要有发现危机、化解危机的能力，把危机化解了就是创新，要通过创新改变市场环境、寻找新的卖点。市场做不好，是因为没有创新的思想。所以，大家一定要多开动脑筋，多想办法，要自己改变自己，要走出去学习别人改变自己。改变就是创新，用创新去战胜一切危机。这几年创新讲得少了，创造机遇提得少了，发现机遇、抓住机遇提得少了，危机意识提得少了，在以后的学习中我们要迅速加强这方面的认识。

（2009年3月30日）

30. 创新是企业核心竞争力的具体体现。企业的增量、增效、资产增值都离不开创新。增量、增效和创新是对干部“才”的要求。创新要从发现问题开始，把问题解决了就是创新。创新不是对过去的全盘否定，是在继承原来优秀东西的基础上，进行完善和发展。一个合格的领导必须具备发现问题和解决问题的能力。这就要求我们一切从实际出发，重视调查研究，养成务细、务实的工作作风，深入基层，深入一线，深入群众，了解真实情况，脚踏实地，反复实践，寻找新方法，采取新举措，扎实地做好创新工作。

（2011年10月27日）

31. 我们一定要抓住机遇，实现快速发展。要做到这一点，必须靠创新。只有创新才能发展，才能抓住机遇。我们要培养大家的创新意识，倡导创新精神，完善创新机制，营造创新氛围，提供创新条件，打造创新文化。领导干部要鼓励创新、支持创新、爱护创新、带头创新，要使一切创新想法得到尊重，一切创新举措得到支持，一切创新才能得到发挥，一切创新成果得到嘉奖。我们要把鲁花打造成一个创新型企业，通过创新推动企业快速发展，通过创新做成一个百年企业。

（2011年10月27日）

32. 创新不单纯指发明一个新产品这种大创新，在管理上新方法的运用，在市场上新卖点的挖掘提炼等，只要在原来的基础上有所改进、有所提高，就是创新；学习别人的成功经验和先进方法也是一种创新。这些方面的创新也是非常有价值的创新。我们现在就怕自己没有创新成果，对别人的创新成果又不虚心学习，这是创新意识的严重缺失。

（2012年6月20日）

33. 要想保证企业生生不息稳步发展，就要把思想的着力点用在创新上，要进一步降低生产成本、提高产品质量、提升团队工作效率、提高整合社会资源的能力。

（2016年6月16日）

34. 我们在质量上绝对不能出现任何的麻痹思想，质量一旦出现问题，就会全军覆没，所以要有食不甘味、夜不能寐的责任感，时刻关注产品质量。企业产品一定要经得起消费者和国家有关部门的检验，一定不要弄虚作假。

（2016年6月16日）

五、论人才团队

1. 鲁花从小到大的发展离不开团队。鲁花是靠优秀团队战胜了前进中的困难，是靠超强凝聚力、战斗力、执行力和忠诚度来支撑这个大厦的。多年来，我们学习鲁花企业文化、传统文化，都是在用爱心打造团队。可以说鲁花从员工到干部，培养的每一个人，都是在团队爱心的大环境下成长起来的。是不是鲁花人，就看有没有团队的爱心精神，身体里有没有流淌着鲁花人爱心文化的血液。鲁花的水平就体现在创建优秀团队的能力上。

（2011年8月1日）

2. 鲁花的发展表明：谁把团队做得好谁就会成，谁把团队做砸了谁就会败。谁有能力做团队谁就上，没有能力做团队就要下。做不好团队，一切都无从谈起。要做好团队，就必须时时处处体现个人道德在团队中的表率作用，这是团队建设的基础。凡是不注重个人道德、个人形象，不注重关心他人，不能把众人凝聚起来的，都是死路。我们反复强调团队建设，就是告诉大家，鲁花的人才团队优势永远不能丢。人尽其才，各得其所，建设一个优秀的人才团队，是我们的立家立业之本，是鲁花的百年大计。

（2017年4月9日）

3. 如何把鲁花这个大团队做成功，主要有两方面：一方面是自己如何融入这个大团队。做好团队难，融入团队更难。鲁花的成功，从小到大的发展，都是由于上下同欲、观点一致、目标统一、行动迅速所取得的。每个人只要进了鲁花门，就是鲁花人，既然是一个鲁花人，就要融入这个大团队。另一方面是做好团队。领导干部一定要明白自己身上的担子，要知道作为一个领导者、一个管理者，融入团队和做好团队是多么的重要。

（2003年7月19日）

4. 鲁花的成功就在于团队建设的成功。我们拥有一支有超强凝聚力，能到战场上打胜仗，拉得出、冲得上、拖不垮、打不烂的优秀团队。我们有些团队为什么建设得非常好？就是当领导的会用“爱心”去管理，有人情味，知道管理不是发号施令，知道怎么样关心员工，帮助员工解决困难，当教练，不当裁判，知道用“管理就是服务”的理念更有效。而有些团队，平时看起来听说听道，不打仗、不闹火，[①]你好、我好、大家好，好人主义，和气一团。当冲锋时，掉头就跑，什么招都没有，这种团队是“和稀泥”团队。还有一种团队，有令不行，有禁不止，各吹各的号，各唱各的调，一盘散沙，这样的团队叫“豆腐渣”团队。

（2003年5月29日）

5. 人在社会中生存，在群体中生活，离不开团队。能正确地处理好个人与团队之间的关系、自己与他人之间的关系；能用一分为二、二合为一、亦一亦

① 此句为方言，指每个人表面看起来都听从指挥、服从安排，人与人之间和和气气、不吵不闹。

二、一以贯之的辩证思维来认识问题、分析问题、解决问题；能融入团队，形成球体，做成核心，整合社会资源，是我们这个大团队追求的目标。

（2017年4月9日）

6. 团队建设归根结底就是要求大家政令统一、行动快速，加强协调与配合，增强危机意识和服务意识，克服一切官僚主义和形式主义，一切按程序办，一切按规章制度办，一切按集体决议办，实实在在地把我们的事情干好。

（2004年8月17日）

7. 一个干部应该具备三项基本素质。第一是会干。要有能力干好工作，你只有干好工作，才能得到大家的认可。第二是会说。当然，我们这个会说与社会上耍嘴皮子的会说是有本质区别的，我们的会说是在鲁花文化理念统一下的会说。那么，怎么样培养自己说的能力呢？学习企业文化是最好的途径。有些同志能抓住一切机会，争取上台演讲，使自己得到锻炼，快速成长。第三是会写。光会干、会说而不会写，这是很遗憾的。会写，主要体现写我所做、做我所写的能力。

（2005年6月26日）

8. 要处理好个人与团队之间的关系、自己与他人之间的关系、领导与被领导之间的关系，就看我们在日常工作生活中是利人为公还是损人利己，是行善积德还是恃强凌弱，是为大家服务还是为自己服务。人的一生无非就是要表现出自己在社会上有多大的作用，能给别人带来什么样的利益，为家庭、团队、社会、国家作出什么样的贡献。只有心里装着大家，时时处处想到他人，以爱心对待他人，才能做好一个大团队，融入一个大团队。

（2017年4月9日）

9. 我们要辩证地去看待鲁花的爱心文化，它不是一种无原则的爱，而是要爱憎分明。有些同志把爱自己理解成纯粹地为个人着想，这就是不爱自己的具体表现。爱自己就是要爱与自己有关联的所有人和事，这样才能形成一支攻无不克、战无不胜、有生命力的千里马团队。

（2003年5月29日）

10. 我们有些当领导的对待人有两种标准：一种是和自己关系好的人错了不错，一种是和自己关系不好的人对了不对。[①]我们要坚决杜绝不正当的人情关，不正当的人情就是一种帮派行为。在鲁花公司任何部门、任何人，特别是高层领导干部不允许沾染不正当的人情。不拉帮结派是考验一个干部是否合格的试金石。

（2002年10月8日）

11. 我们是绝对不允许有帮派行为的人在鲁花公司存在的，搞帮派的人是道德品质极差的人，也是没有正当能力的人。有些同志对和自己关系好的人就弄

---

① 此句为方言，指那些有帮派行为的领导，对和自己关系好的人，既便做错了，也不认为他是错的；对和自己关系不好的人，既便做对了，也认为他做得不对。

个好地方让他自在享受，看不顺眼的人就挤压人家。你既然和他好，就应该好好培养他，严格要求锻炼他，教他走正道，他自然而然就会得到提升。越和你关系好的人越要保持一定的距离，越要让他在前面冲锋陷阵，这才是真好。不要培养出个不干活就知道跟在你后面瞎转转的人。如果你有爱心，就必须一视同仁，一碗水端平。这样，大家对你才能心服口服，就会和你同心同德，心往一处想，劲往一处使，为整个团队建设贡献自己的力量。

（2003年5月29日）

12. 每一个领导干部都要融入这个团队，要把自己的这支团队带好，不要自己落伍，不要让员工流失，真正体现出“多换思想少换人”。要始终把握好“管理就是服务”，这是管理的绝招，就是教给大家怎么样当好干部。一些年轻同志上来，仅凭一腔热血和热情是不行的，我们还要讲究方法，讲究策略，使自己能够成为优秀的管理者。

（2004年10月9日）

13. 我始终灌输这样一种思想，就是“得人心者得天下”。这句话确实博大精深。对于一个人来讲，当你把人心都失去了，存在的意义又何在呢？所以当仔细品味这句话时，浑身就要冒汗，会恍然明白，原来失掉人心，后果会这么严重。

（2004年8月11日）

14. 我始终强调人都有两面性，既有好的一面，也有差的一面。我们分析评判一个人要多看他的优点，而不是盯着他的缺点不放，因为我们用人是用他的优点。当领导要学会利用每个人好的一面，发挥他的长处，避免他的短处。只要明白人无全能、物无全用的道理，就能做到人尽其才，各得其所。

（2017年4月9日）

15.“人心惟危”。这里的“危”不是指危险，而是指变化。这句话的意思是说人心是可变的。个人之心可以在善恶之间变换；众人之心可以在向背之间游弋，要带领好团队，守住人心是第一位的，失去人心就失去了一切。做团队离不开爱心、道德，有了爱心、道德就能凝聚人心，就能做成团队。

（2017年4月9日）

16. 孟子说：“行有不得，反求诸己。”意思是说事情做不成功，遇到了挫折和困难，或者人际关系处得不好，就要躬身自省，多从自己身上找原因，这是君子风范；如果一味地怨天尤人，悲天怆地，推责他人，就是小人行径了。事情发生在下面，根源往往在上面，这是当干部必须明白的一个道理。我们一定要知道任何事情都是一分为二的，别人存在一定的问题，自己肯定也存在一定的问题。如果把团队带得一盘散沙，领导不要光找别人的过错，更要反思自身哪些方面做得不够，自己应承担什么责任，这就是“反求诸己”，只有这样才能达到“其身正，不令而行”的境界。

（2017年4月9日）

17. 一个优秀的干部，正确的做法就是不要摆架子，能够经常深入到实际工作当中和大家在一起，了解掌握员工的思想情绪和工作情况，尽量满足他们在精神上的需求、工作上的需求、生活上的需求。看看他们还有哪些困难，应该怎样帮助解决。我们的工作哪些地方出了偏差，怎样及时调整等。但有些同志只知道飘浮在上边，不到基层中去，不去掌握真实情况，这是行不通的。

（2004年8月17日）

18. 交流和沟通是解决团队内部外部矛盾和问题的最有效途径，它能够把问题消灭在萌芽状态。只有做到很好地沟通，才能了解每个人、每个组织所需要服务的内容，才能有针对性地把服务做好。人往往就是在不了解、不沟通的情况下最容易出问题。只有了解了才能够理解，相互理解了才能够达成共识。

（2003年5月29日）

19. 在鲁花人人是人才。只要认可鲁花的企业文化，按照鲁花的企业文化去做，能够完成自己的工作任务，就是个人才。人各有所长，在鲁花当干部，最怕的就是骄傲自满，总觉得自己比谁都有本事，比谁都有能力，谁都瞧不起，“老子天下第一”；最怕的就是年轻的同志瞧不起年老的同志，有文化的同志瞧不起有经验的同志，有经验的同志瞧不起有文化的同志。怎样解决这些问题呢？这就要求大家不断地努力学习，统一理念、互相尊重、互相学习、取长补短、共同提高。

（2003年7月19日）

20. 一个企业必须有自己的灵魂，这个灵魂就是道德文化，这是精神支柱。多年来，我们一直是用爱心创新文化培养人、教育人。我们组织大家学习的目的，就是提高大家的道德素质，就是让大家快速成材，就是让大家不要掉队。公司在发展，效益在提高，公司发展了，你却掉队了，这是一个悲剧。鲁花爱心创新文化的最终体现，就是让大家共同进步、走向富裕。大家一定要记住一句话：干什么事都得有真本事，干什么事都得用真诚心去做。

（2003年5月29日）

21. 有些同志认为：“让我干我就干，不让我干我照样吃饭。”我认为不是这么回事。虽然说干与不干可能都不影响你吃饭，但是如果你把这个工作干砸了，就不单单是个吃饭的问题。你将会受到社会的谴责，家庭的谴责，受到你的员工的谴责。

（2003年7月19日）

22. 鲁花文化中讲：符合鲁花文化有才的人，优先录用；符合鲁花文化少才的人，培养录用；不符合鲁花文化有才的人，暂时录用；既不符合鲁花文化又少才的人，坚决不用。这是鲁花的用人标准，这个标准不仅仅局限于一个道德范畴，我们用人就是用符合鲁花企业文化的人。

（2003年7月19日）

23. “球体核心论·人生定位之道”，阐明了球体和核心的关系，就是教给人们要认识个人资源和团队资源，教给大家去挖掘团队的资源，把团队做成功。这样团队的资源才能得到很好地利用。有人一生中没有建树，并不是个人的能力不行，而是他在整合社会资源为我所用方面，有所欠缺，没有驾驭社会资源的能力。

（2003年9月26日）

24. 同志们一定不要走歪道，走歪道是没有出路的。《道德经》讲："知足不辱，知止不殆，可以长久。"人一定要有一个知足的心态，如果你永远不满足，是非常危险的。比如贪腐问题，是任何鲁花人都不能触碰的。你触碰了，就不是鲁花对不起你，是你自己对不起自己，对不起家人对你的期盼。所以大家一定要严格地要求自己、要求自己的部下，不要犯这种低级错误。

（2009年2月7日）

25. 我们倡导要尽最大努力关爱大家的工作和生活，但绝不是包庇、纵容不正当的赚钱行为。我希望大家不要犯低级错误，不要因为这些事情把自己的前途埋没了。我们关爱部下和员工，就是要经常提醒他们不要犯贪污、不廉洁等原则性的错误。随着公司规模的扩大，效益的增加，我们将会更多地解决大家的收益问题。鲁花公司在快速地发展，前景光明，我现在还是那句老话：企业好了，受益的首先是我们的干部员工，这点是毋庸置疑的。只要大家跟着鲁花持久地走下去，我相信在鲁花的人一定比离开的人要过得好。

（2011年8月1日）

26. 我提出了“危机意识、机遇意识、超前意识、创新意识”。为什么要提这四种意识呢？我认为成功和失败只是一个结果，我们现在研究的不是这个结果，而是要分析产生这个结果的过程。要想取得成功，避免失败，就必须研究过程，研究什么是成功的过程，研究什么是失败的过程。成功的过程就是依靠超前意识，发现机遇、创造机遇、把握机遇，具备预料危机、发现危机、解除危机能力的过程。

（2009年3月30日）

27. 作为一个企业管理者必须有一种超前意识。只有具备了超前的能力，才能提前认识到哪些是机遇，哪些是危机。没有机遇要创造机遇，没有条件要创造条件，机遇对每个人都是平等的。但有些同志就发现不了机遇，意识不到机遇，因而失去了成功的机会。失败的前身是危机，这就需要我们以超前的能力，发现危机的征兆，进而化解危机，转危为安，取得成功。否则就会导致失败。

（2009年3月30日）

28. 企业的竞争归根结底是人才的竞争。人才是企业的第一资源，人才是鲁花最宝贵的资产。企业实施创新，必须以人为本，一定要尊重知识、尊重人才、尊重劳动、尊重创造。要坚持在创新实践中发现人才、在创新活动中培育人才、在创新事业中凝聚人才，要培养全体干部员工都成为创新型的专业人才，要最大限度地激发人才的创新激情和活力，提高创新效率。

（2011年10月27日）

29.《道德经》曰："不尚贤，使民不争。"我们培养的是一个人才团队，而不是培养一两个人才，培养一两个人才就是尚贤了，整个团队都是人才才是不尚贤。这就给我们当干部的提出了一个课题，就是如何把你身边的人紧密地团结在你的周围，只有始终坚持多换思想少换人、不换思想再换人的原则，只有坚持贪腐行为零容忍、帮派行为零容忍的行为准则，才能打造出一支优秀的人才团队。

（2017年4月9日）

30. 鲁花的成功不仅仅表现在它的有形资产上，更表现在无形资产上，也就是说鲁花的无形资产在支撑着鲁花的有形资产。我们每一个人都要关注鲁花公司的无形资产和个人的无形资产：包括我们的品牌、我们的声誉以及社会资源的无形资产；包括我们艰苦奋斗、永创一流的这种精神的无形资产；包括鲁花人爱心创新定位的无形资产。这些都是鲁花公司非常宝贵的高价值资产。

（2003年7月19日）

感 恩 词

谢天谢地

不忘祖先

孝敬父母

敬偎圣贤*

鲁花八荣八耻

以孝悌为荣　以忤逆为耻

以廉洁为荣　以贪腐为耻

以诚信为荣　以欺诈为耻

以宽厚为荣　以霸道为耻

以勤劳为荣　以懒惰为耻

以俭朴为荣　以奢侈为耻

以谦虚为荣　以骄傲为耻

以正直为荣　以虚伪为耻

---

*“敬偎圣贤”是由台湾师范大学曾仕强教授提出的，是鲁花感恩词中的一句话。意思是：恭敬地把圣贤作为我们效法的榜样，就像时时依偎伴随在圣贤身边一样。

鲁花新二十四孝

1. 记住父母的生日和年龄
2. 定期给父母打电话问候
3. 远行时向父母报平安
4. 节日尽量回家看望父母
5. 耐心地听父母的叮嘱
6. 家事尽量听从父母的建议
7. 多听父母讲过去的事
8. 多帮父母做家务
9. 多陪父母散步
10. 尊重父母的生活方式
11. 理解关心父亲的沉默
12. 理解父母节俭的习惯
13. 经常给父母买一些物品
14. 经常给父母剪指甲洗头洗脚
15. 经常带父母外出旅游
16. 经常赞美父母的优点

17. 在父母面前讲快乐的事

18. 偶尔在父母面前撒娇

19. 鼓励父母参加情趣活动

20. 不埋怨父母做的饭菜

21. 不对父母甩脸子发脾气

22. 尽量不用不花父母的钱

23. 多关心父母的健康

24. 多为父母健在而自豪

鲁花之歌

先爱天下

作词：曲　波
作曲：薛瑞光

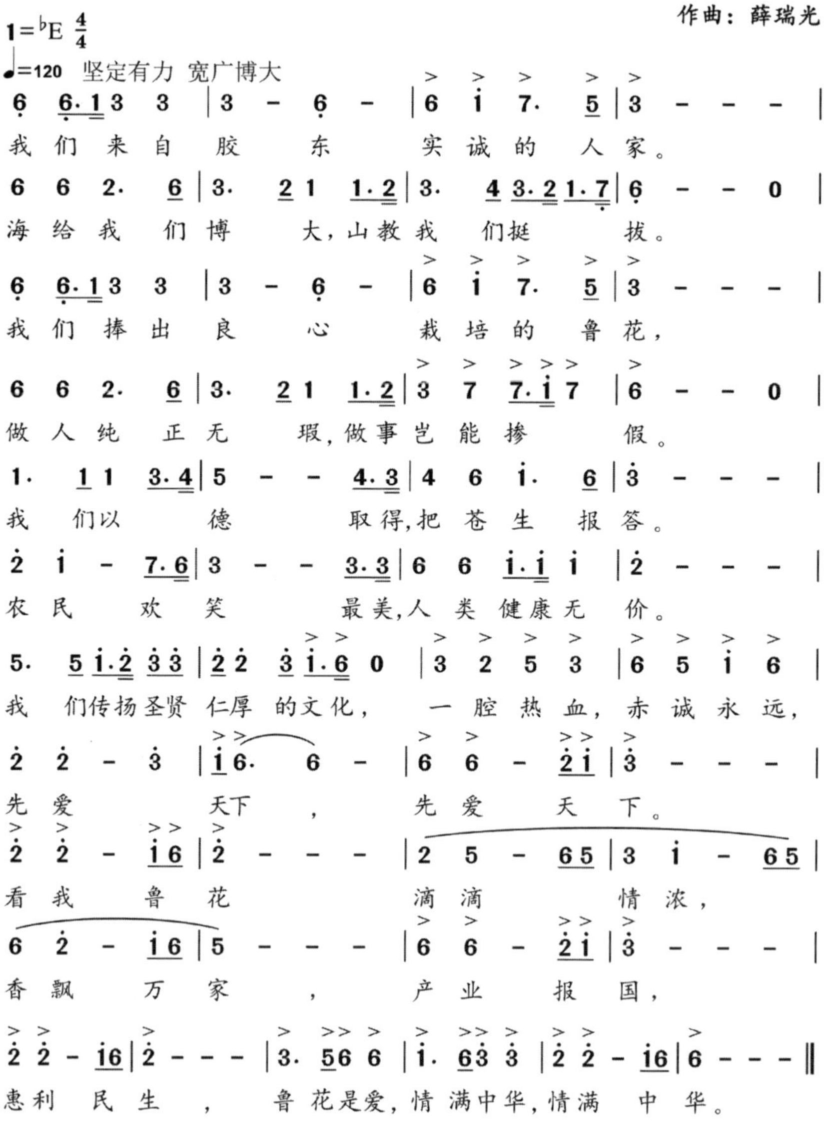